수학
놀이집

초등 3~4학년군

주니어김영사

추천의 글

서울교육대학교 수학교육과 **박만구 교수**

많은 학생들이 수학을 어려워하고 싫어하는 것이 현실입니다. 그래서 교사는 같은 수학이라도 학생들이 재미있게 학습할 수 있도록 노력할 필요가 있습니다.

이 책은 재미있는 수학 놀이를 특별한 준비물 없이 간단하게 할 수 있는 방법을 제시하고 있습니다. 또한 이를 통하여 교육과정에서 요구되는 여러 가지 수학 개념 및 기능을 익힐 수 있게 해 줍니다. 저자들은 영상을 통해 놀이 방법을 소개하고, 수업에서의 활용 방법, 수준별 지도 방법, 그리고 온라인에서도 놀이를 할 수 있도록 대안적인 방법까지 제시하고 있습니다. 이 책을 활용하여 학생들이 수학을 재미있게 학습하면서 좋아할 수 있기를 기대합니다.

서울화계초등학교 **홍동식 교장**

이 책은 학생들의 수학에 대한 흥미와 호기심을 자극합니다. 또한 놀이와 학습이 어우러져 있어 학생들이 재미있게 수학 공부를 할 수 있게 해 줍니다. 이에 놀이를 통한 체험으로 학생들에게 수학의 감수성을 일깨워 주는 책이라고 생각합니다.

교과 내용을 다루면서도 재미있고 활동이 복잡하지 않아 가정이나 학교 어디에서든 활용이 가능하고, 온·오프라인의 어떤 상황에서도 놀이를 할 수 있도록 구성되어 있습니다.

초등 수학교육을 전공한 현직 선생님들의 수학교육에 대한 열정과 고민이 고스란히 녹아 있는 이 책을 통해 학생들이 수학을 재미있게 공부하고, 배운 내용을 일상생활에서도 활용할 수 있기를 기대합니다.

전국수학교사모임 **김남준 수석 교사**

아이들과 만나서 수업을 할 때마다 '어떻게 수업을 즐겁게 할 수 있을까?' 하고 늘 고민하게 되는 것 같아요. 그러나 이러한 고민과 달리 수학 시간은 개념 위주의 설명과 반복적인 문제 풀이를 주로 하게 되는 것 같아 아이도 선생님도 수업에서 즐거움을 찾기 어렵죠.

이런 고민을 하는 선생님께 이 책은 반가운 단비처럼 수업에 생동감을 불어 넣어 줄 것 같아요. 수학 놀이를 준비하는 과정도, 이해하는 과정도 어렵지 않아서 쉽게 잘 활용할 수 있어요. 즐거운 수업을 고민하는 선생님께 그리고 수학 시간이 따분했던 학생들에게 비타민 같은 활력소를 주는 책인 것 같아요.

지은이의 글

수학, 정말 재미있어요! 또 공부하고 싶어요!

수학을 가르치는 교사로서 학생들에게 듣고 싶은 말입니다. 그리고 학부모로서 자녀들에게 간절히 바라는 바입니다. 그러나 학생의 입장에서 생각해 보면 수학은 어렵고 따분하게만 느껴질 것 같습니다. 무슨 일이든 호기심과 해 보고 싶은 마음이 있어야 즐겁고 신나게 할 수 있을텐데 수학은 즐겁기보다는 어렵고 힘들기만 하겠죠. 마음 한편에는 포기하고 싶은 마음이 계속 쌓일 수도 있을 것입니다. 교사로서 학생들의 이런 고민을 해결해 주고 싶었습니다. 그래서 '어떻게 하면 학생들과 쉽고 재미있게 수학 수업을 할 수 있을까?' 고민하던 선생님들과 함께 수학 놀이를 만들기 시작했습니다.

처음에는 여러 가지 어려움도 있었습니다. 준비물을 구하기고 어렵고, 놀이 방법을 쉽게 설명하는 방법도 잘 떠오르지 않고, 또 수업이 그냥 놀다가 끝나는 것은 아닌지 고민이 되기도 하고……. 하지만 다양한 아이디어를 모으며 실제로 놀이를 해 보면서 고민에 대한 해결 방법을 찾을 수 있었습니다. 그리고 놀이로 수학을 배운다는 것이 학생들에게 긍정적인 학습 효과를 준다는 것도 알게 되었습니다.

이 책을 통해 최소한의 노력으로 최고의 효과를 얻을 수 있는 수학 놀이를 알려드리고 싶습니다. 선생님들께서는 특별한 수학 교구와 자료가 없어도 제시된 내용만으로 수업을 할 수 있고, 자칫 단조로워질 수 있는 온라인 수업에서도 새로운 시도를 해 볼 수 있을 것입니다. 이때 학생들은 수학을 공부라기보다는 놀이로서 즐길 수 있을 것입니다.

수학을 어렵게만 생각하는 부모님들께서도 가정에서 아이들과 함께 쉽고 재미있게 수학 놀이를 접해 보시길 바랍니다. 수학 놀이를 통해 아이가 부족한 부분을 알아보고 더 연습할 수 있는 시간을 가질 수 있을 것입니다.

《수학 놀이집》이 출간되기까지 많은 시간을 함께 고민했던 선생님들과 김영사 편집팀 모두 수고 많으셨습니다. 함께 고민하고, 생각하고, 만들고, 나눌 수 있어 즐거웠습니다. 이 책이 여러 선생님, 부모님, 그리고 학생들에게 도움이 되기를 바랍니다.

아이들이 행복하면 교사도 행복합니다.

지은이 일동

이 책의 활용법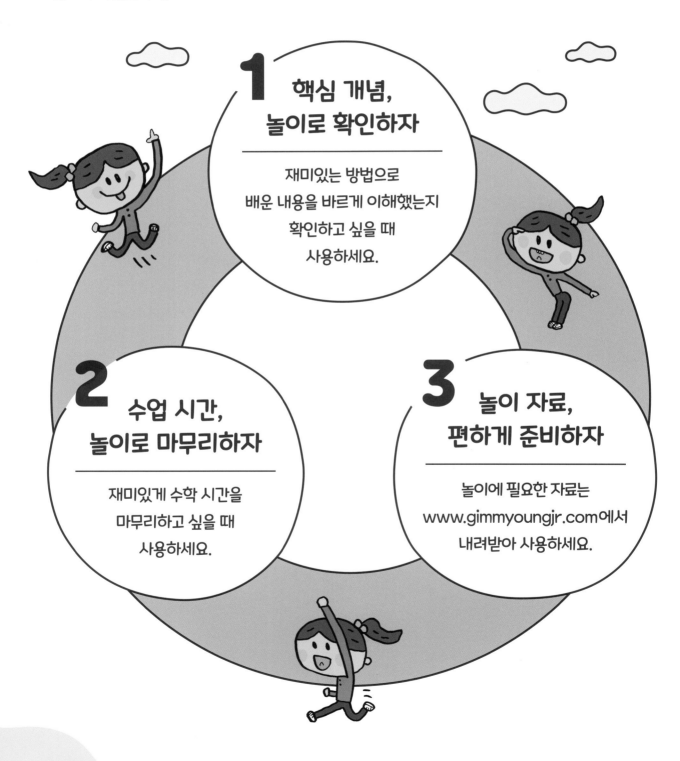

학습 효과는 학습자가 학습 과정에서 능동적으로 참여할수록, 또 의사소통할 수 있는 기회를 많이 가질수록 높아집니다. 이 책은 놀이를 통해 능동적 학습 참여와 다양한 의사소통 기회를 자연스럽게 제공함으로써 수학에 대한 흥미와 학습 효과를 높일 수 있도록 하였습니다.

1 핵심 개념, 놀이로 확인하자

재미있는 방법으로
배운 내용을 바르게 이해했는지
확인하고 싶을 때
사용하세요.

2 수업 시간, 놀이로 마무리하자

재미있게 수학 시간을
마무리하고 싶을 때
사용하세요.

3 놀이 자료, 편하게 준비하자

놀이에 필요한 자료는
www.gimmyoungjr.com에서
내려받아 사용하세요.

구성

놀이 단원별로 2개의 모둠 활동으로 구성했어요.

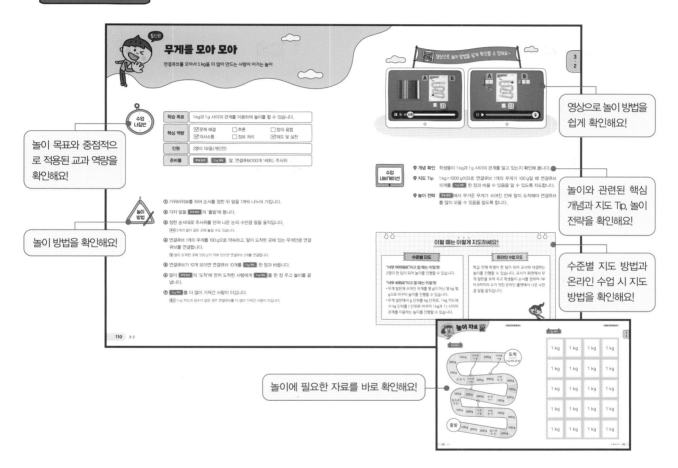

놀이 목표와 중점적으로 적용된 교과 역량을 확인해요!

놀이 방법을 확인해요!

영상으로 놀이 방법을 쉽게 확인해요!

놀이와 관련된 핵심 개념과 지도 Tip, 놀이 전략을 확인해요!

수준별 지도 방법과 온라인 수업 시 지도 방법을 확인해요!

놀이에 필요한 자료를 바로 확인해요!

보충 자료 단원별로 1~2개의 개별 활동으로 구성했어요.

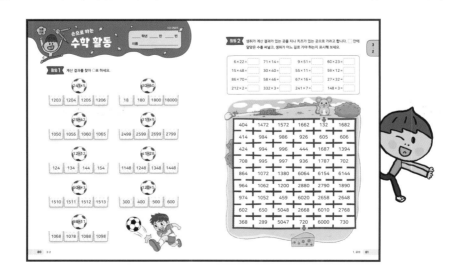

차례

덧셈 퍼즐을 맞춰 볼까

같은 수를 나타내는 퍼즐 조각을 모아 먼저 퍼즐을 완성하는 사람이 이기는 놀이

수업 나침반

학습 목표	(세 자리 수)+(세 자리 수)를 이용하여 놀이를 할 수 있습니다.
핵심 역량	☑ 문제 해결　　☐ 추론　　☐ 창의·융합 ☑ 의사소통　　☐ 정보 처리　　☑ 태도 및 실천
인원	2명이 1모둠(개인전)
준비물	[덧셈 퍼즐 조각]

놀이 방법

① [덧셈 퍼즐 조각]을 잘 섞은 후 책상 위에 뒷면이 보이게 펼쳐 놓습니다.

② 가위바위보를 하여 순서를 정합니다.

③ 각자 가지고 있는 [덧셈 퍼즐 조각]이 4개가 될 때까지 번갈아 가며 조각을 한 개씩 가져갑니다.

④ 가지고 있는 [덧셈 퍼즐 조각]이 모두 같은 수를 나타내면 퍼즐을 완성하고 자신의 이름을 외칩니다.

⑤ 가지고 있는 [덧셈 퍼즐 조각]이 모두 같은 수를 나타내지 않으면 가지고 있던 조각 한 개를 책상 위에 놓인 조각 한 개와 바꿉니다.

　(주의) 가지고 있던 퍼즐 조각을 책상 위에 내려놓을 때는 뒷면이 보이게 내려놓습니다.

⑥ 번갈아 가며 놀이를 계속합니다.

⑦ 같은 수를 나타내는 퍼즐 조각 4개를 모아 먼저 퍼즐을 완성한 사람이 이깁니다.

영상으로 놀이 방법을 쉽게 확인할 수 있어요~

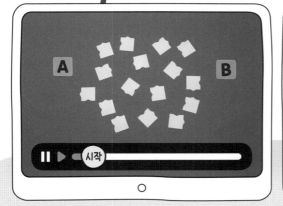

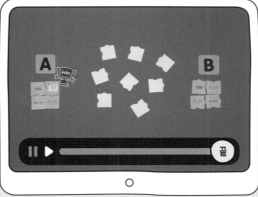

수업 내비게이션

📍 **개념 확인** 학생들이 (세 자리 수)+(세 자리 수)의 계산 원리를 이해하고 계산할 수 있는지 확인해 봅니다.

📍 **지도 Tip** 수 모형, 수직선 등을 활용한 조작 활동으로 계산 원리를 탐구하고, 계산 결과를 어림해 보는 활동을 통해 수 감각을 기를 수 있도록 지도합니다.

📍 **놀이 전략** 다음 순서를 위해 책상 위에 내려놓은 퍼즐 조각의 내용과 위치를 기억해 두면 유리하다는 것을 알도록 합니다.

이럴 때는 이렇게 지도하세요!

수준별 지도

"너무 어려워요"라고 할 때는 이렇게!
퍼즐 조각의 개수를 줄이거나 퍼즐 조각을 책상 위에 모두 앞면이 보이게 펼쳐 놓고 진행할 수 있습니다.

"너무 쉬워요"라고 할 때는 이렇게!
퍼즐 조각의 개수를 늘리거나 뺄셈식이 적힌 퍼즐 조각을 추가하여 진행할 수 있습니다.

온라인 수업 지도

학생들이 각자 퍼즐 조각을 잘 섞은 후 앞면이 보이게 펼쳐 놓도록 합니다. 교사가 퍼즐 조각 한 개를 제시하면 학생들은 교사가 제시한 퍼즐 조각과 같은 수를 나타내는 퍼즐 조각 3개를 찾아 화면에 제시하는 방법으로 진행할 수 있습니다.

놀이 자료

놀이 방법

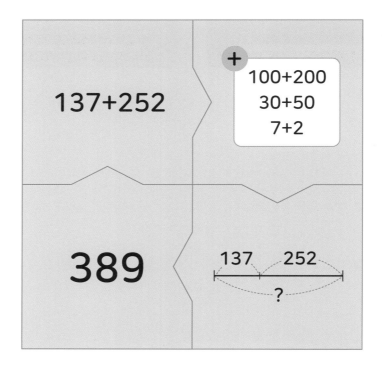

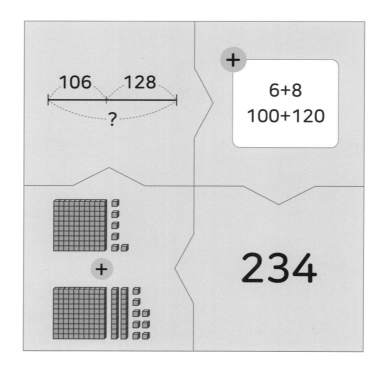

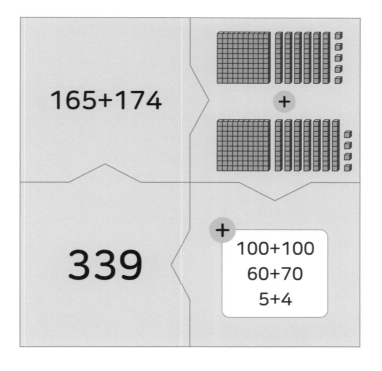

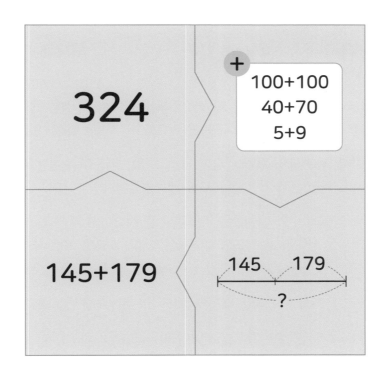

뺄셈으로 카드 모아

뺄셈을 이용하여 카드를 가장 많이 모으는 사람이 이기는 놀이

수업
나침반

학습 목표	(세 자리 수)−(세 자리 수)를 이용하여 놀이를 할 수 있습니다.
핵심 역량	☑ 문제 해결 ☐ 추론 ☐ 창의·융합 ☑ 의사소통 ☐ 정보 처리 ☑ 태도 및 실천
인원	4명이 1모둠(개인전)
준비물	수 카드

놀이
방법

① 수 카드 를 한 사람당 8장씩 나누어 가지고, 남은 수 카드 더미는 책상 위에 뒷면이 보이게 놓습니다.

② 순서를 정하여 첫 번째 사람이 카드 더미에서 한 장을 뽑아 앞면이 보이게 카드 더미 옆에 놓습니다. 이때 뽑은 카드를 ★ 카드로 정합니다.

③ 각자 ★ 카드의 수와 자신이 가지고 있는 카드의 수를 비교하여 ★ 카드의 수와 차가 가장 큰 수가 적힌 카드를 내려놓습니다.

④ ★ 카드의 수와 내려놓은 카드의 수를 비교하여 두 수의 차가 가장 큰 카드를 내려놓은 사람이 ★ 카드와 내려놓은 4장의 카드를 모두 가져갑니다.

주의 가져간 카드는 손에 들지 않고 자신의 앞에 겹쳐서 놓습니다.

⑤ 카드를 모두 내려놓을 때까지 돌아가며 ②~④를 반복합니다.

⑥ 카드를 가장 많이 가져간 사람이 이깁니다.

영상으로 놀이 방법을 쉽게 확인할 수 있어요~

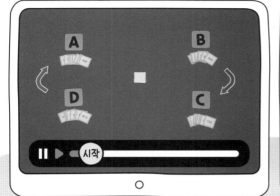

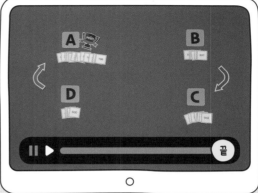

수업 내비게이션

📍 **개념 확인** 　학생들이 (세 자리 수)−(세 자리 수)의 계산 원리를 이해하고 계산할 수 있는지 확인해 봅니다.

📍 **지도 Tip** 　뺄셈의 결과를 어림하여 적절한 카드를 고르는 과정을 통해 어림하기의 유용성을 깨닫고 수 감각을 키울 수 있도록 지도합니다.

📍 **놀이 전략** 　★ 카드의 수와 자신이 가지고 있는 카드의 수를 비교하여 두 수의 차가 큰 카드를 고를 때 어느 자리의 수의 차가 클수록 두 수의 차가 커지는지 알도록 합니다.

이럴 때는 이렇게 지도하세요!

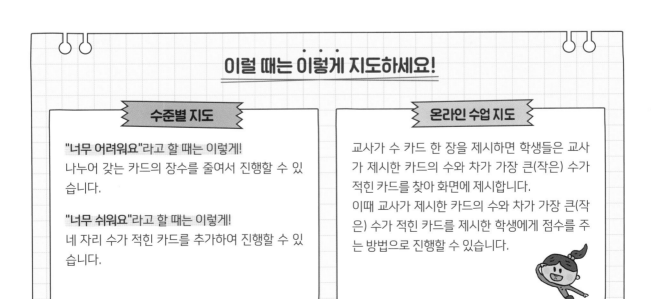

수준별 지도

"너무 어려워요"라고 할 때는 이렇게!
나누어 갖는 카드의 장수를 줄여서 진행할 수 있습니다.

"너무 쉬워요"라고 할 때는 이렇게!
네 자리 수가 적힌 카드를 추가하여 진행할 수 있습니다.

온라인 수업 지도

교사가 수 카드 한 장을 제시하면 학생들은 교사가 제시한 카드의 수와 차가 가장 큰(작은) 수가 적힌 카드를 찾아 화면에 제시합니다.
이때 교사가 제시한 카드의 수와 차가 가장 큰(작은) 수가 적힌 카드를 제시한 학생에게 점수를 주는 방법으로 진행할 수 있습니다.

107	122	145	198
204	236	258	267
357	363	394	400
412	445	481	510
523	555	572	600

613	639	650	697
734	785	800	811
829	843	882	900
916	925	931	940
948	956	974	999

보충자료

손으로 하는 수학 활동

_____ 학년 _____ 반 _____ 번

이름 _____

활동 1 주어진 식을 계산하고, 계산 결과를 숫자 판에서 찾아 색칠해 보세요.

$416 + 552 =$	$147 + 732 =$	$123 + 649 =$
$274 + 316 =$	$463 + 958 =$	$555 + 666 =$
$546 - 236 =$	$459 - 215 =$	$992 - 275 =$
$284 - 139 =$	$814 - 665 =$	$732 - 598 =$

💡 숫자 판 (→ 또는 ↓방향으로만 이어서 색칠해요.)

3	5	6	7	8	9	0	1	2	3	4	5	6
3	6	6	7				1	6	5	4	3	2
3	8	8	8	1	2	2	1	7	7	7	7	5
3	4	5	7	6	5	4	3	1	2	3	4	5
3			9	3		3	3	7	8	8	8	9
3		0	2	3	0	0	0	1	4	9	9	9
3	2		4	5	6	7	8	9	3	2	5	1
3	2	6	4	8	8	8	8	8	8	8	9	8
3	2	1	0	7	7	7	7	7	7	7	0	7
3	5	3	0	6	6	6	1	4	2	1	6	6
3	5	4	0	2	3	3	3	3	9	5	5	5
3	5	7	7	2	0	0	0	0	6	4	4	4
3	5	0	1	4	5	3	1	0	8	3	4	
	6	0	9		0	0		0	0	0		
		0	9		1	1		1	1			

활동 2 그림 조각을 자르고, 그림판에 적힌 식의 계산 결과를 찾아 그림판에 붙여 보세요.

💡 그림판

389+134	523-146	237+425	859-457
981-492	299+403	278+639	146+715
932-745	333+664	777-444	572-358

💡 그림 조각

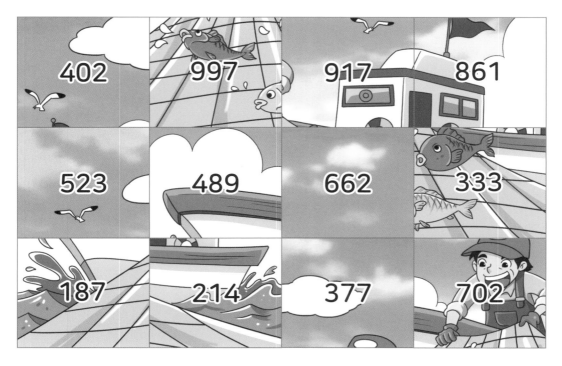

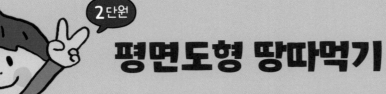

평면도형 땅따먹기

평면도형을 더 많이 색칠하는 사람이 이기는 놀이

수업 나침반

학습 목표	직각삼각형, 직사각형, 정사각형의 개념을 이해하여 놀이를 할 수 있습니다.
핵심 역량	☑문제 해결　☐추론　☐창의·융합 ☑의사소통　☐정보 처리　☑태도 및 실천
인원	2명이 1모둠(개인전)
준비물	회전판 , 땅따먹기 판 , 색이 다른 색연필 2자루, 주사위, 연필, 클립

놀이 방법

① 가위바위보를 하여 순서를 정하고 자신의 색연필을 고릅니다.

② 이긴 사람부터 한쪽 끝을 편 클립을 회전판 에 연필로 고정하여 손가락으로 클립을 팅겨서 돌리고, 주사위를 던집니다.

③ 클립이 가리키는 도형을 주사위를 던져 나온 눈의 수만큼 땅따먹기 판 에서 찾아 색칠합니다.

　(예) 클립이 '직사각형'을 가리키고, 주사위를 던져 ∴가 나오면 직사각형 2개를 색칠합니다.

　(참고) • 클립의 끝이 회전판의 선 위에 멈추면 클립을 다시 한번 팅겨서 돌립니다.
　　　• 도형을 찾을 때는 1개로 이루어진 도형만 찾습니다.
　　　• 주사위를 던져 나온 눈의 수만큼 도형을 찾을 수 없을 때는 찾을 수 있는 만큼만 색칠하고, 1개도 찾지 못할 때는 상대방에게 순서가 넘어갑니다.

④ 번갈아 가며 ②, ③을 반복합니다.

⑤ 땅따먹기 판 의 빈칸이 모두 없어질 때까지 놀이를 계속합니다.

⑥ 더 많은 도형을 색칠한 사람이 이깁니다.

영상으로 놀이 방법을 쉽게 확인할 수 있어요~

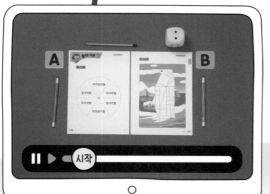

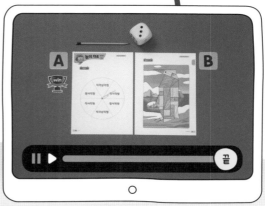

수업 내비게이션

📍 **개념 확인** 학생들이 직각삼각형, 직사각형, 정사각형의 개념을 이해하고 있는지 확인해 봅니다.

📍 **지도 Tip** 상대방이 도형을 찾기 어려워할 때는 상대방을 기다려 주며 남을 배려하는 마음을 기를 수 있도록 지도합니다.

📍 **놀이 전략** 한 번에 많은 도형을 색칠할 수 있도록 주사위에서 큰 수가 나오는 것이 유리하다는 것을 발견하도록 합니다.

이럴 때는 이렇게 지도하세요!

수준별 지도

"너무 어려워요"라고 할 때는 이렇게!
회전판만 사용하여 클립이 가리키는 도형 1개를 찾아 색칠하는 방법으로 진행할 수 있습니다.

"너무 쉬워요"라고 할 때는 이렇게!
회전판만 사용하여 클립이 가리키는 도형 1개를 찾아 색칠하고, 더 많은 도형을 이어서 색칠한 사람이 이기는 방법으로 진행할 수 있습니다.

온라인 수업 지도

학급 전체 학생을 2팀으로 나눕니다. 교사가 땅따먹기 판을 화면에 공유한 후 학생들이 주석 기능을 이용하여 색칠하는 방법으로 진행할 수 있습니다. 이때 회전판의 클립을 튕기거나 주사위를 던지는 활동은 교사가 팀 대표로 하거나 팀별로 학생들이 돌아가며 할 수 있습니다.

회전판

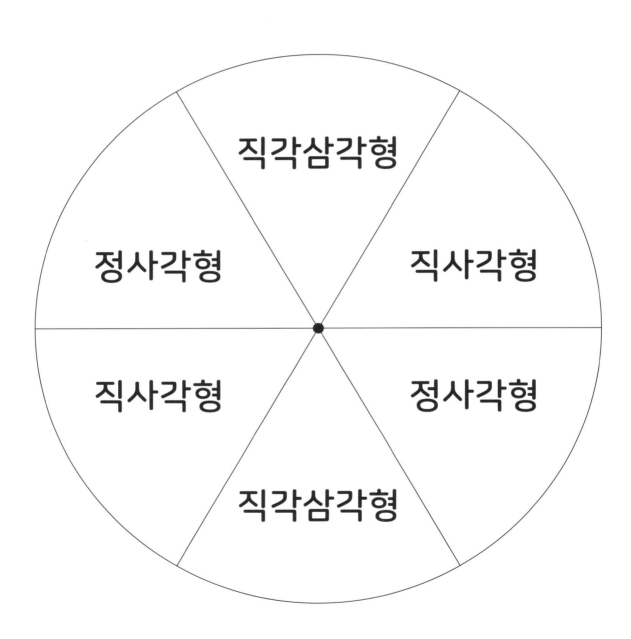

땅따먹기 판

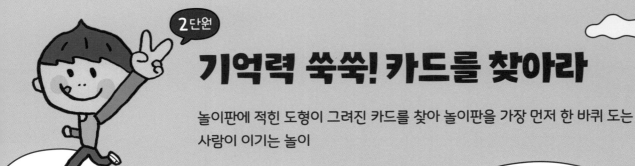

기억력 쑥쑥! 카드를 찾아라

놀이판에 적힌 도형이 그려진 카드를 찾아 놀이판을 가장 먼저 한 바퀴 도는
사람이 이기는 놀이

학습 목표	선분, 반직선, 직선, 각, 직각, 직각삼각형, 직사각형, 정사각형의 개념을 이해하여 놀이를 할 수 있습니다.
핵심 역량	☑문제 해결　　□추론　　□창의·융합 ☑의사소통　　☑정보 처리　　☑태도 및 실천
인원	4명이 1모둠(개인전)
준비물	놀이판 , 도형 카드 , 말

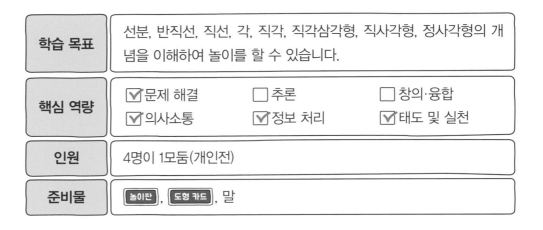

① 도형 카드 를 잘 섞은 후 책상 위에 4장씩 4줄로 뒷면이 보이게 놓습니다.

② 순서를 정하여 놀이판 의 '출발'의 색을 고르고 각자 말을 자신이 고른 '출발'에 둡니다.

③ 정한 순서대로 자신의 말이 놓여 있는 칸의 바로 앞 칸에 적힌 도형을 확인하고 도형 카드 를 한 장 뒤집습니다.

④ 도형 카드 에 그려진 도형이 바로 앞 칸에 적힌 도형과 같으면 말을 바로 앞 칸으로 옮기고, 다르면 말을 그대로 둡니다. 뒤집었던 도형 카드 는 다시 제자리에 뒷면이 보이게 내려놓습니다.

⑤ 자신의 말이 놓여 있는 칸의 바로 앞 칸에 다른 사람의 말이 놓여 있으면 그 다음 앞 칸에 적힌 도형을 확인하고 같은 방법으로 놀이를 합니다. 이때 다른 사람의 말을 뛰어넘을 경우 기회를 한 번 더 가집니다.

　(참고) 자신의 말이 놓여 있는 칸의 바로 앞 칸에 다른 사람의 말이 놓여 있고, 그 다음 앞 칸이 자신의
　　　　도착 지점이면 '도착'으로 말을 옮깁니다.

⑥ 놀이판 을 한 바퀴 돌아 자신이 출발했던 '출발'의 색과 같은 색의 '도착'에 말을 가장 먼저 놓는 사람이 이깁니다.

영상으로 놀이 방법을 쉽게 확인할 수 있어요~

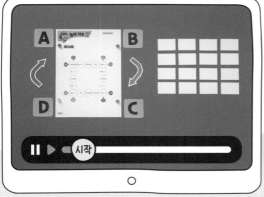

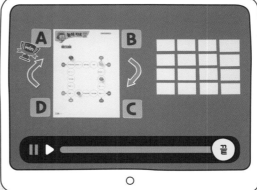

수업 내비게이션

📍 **개념 확인**　학생들이 선분, 반직선, 직선, 각, 직각, 직각삼각형, 직사각형, 정사각형의 개념을 이해하고 있는지 확인해 봅니다.

📍 **지도 Tip**　[도형 카드]에 그려진 도형이 바로 앞 칸에 적힌 도형인지 확인할 때는 먼저 카드를 뒤집은 학생이 판단한 후 다른 학생들은 결과가 맞는지 확인하도록 지도합니다.

📍 **놀이 전략**　다음 순서를 위해 책상 위에 내려놓은 [도형 카드]의 내용과 위치를 기억해 두면 유리하다는 것을 알도록 합니다.

이럴 때는 이렇게 지도하세요!

◀ 수준별 지도 ▶

"너무 어려워요"라고 할 때는 이렇게!
도형 카드를 책상 위에 모두 앞면이 보이게 펼쳐 놓고 놀이판에 적힌 도형과 짝 짓는 방법으로 진행할 수 있습니다.

"너무 쉬워요"라고 할 때는 이렇게!
도형 카드의 장수를 늘리고 놀이판에 칸을 추가하여 진행할 수 있습니다.

◀ 온라인 수업 지도 ▶

학급 전체 학생을 4팀으로 나누어 각 팀의 학생들이 돌아가며 도형 카드를 고르면서 놀이를 진행할 수 있습니다.
이때 각 팀의 말을 교사가 움직이며 움직이는 말을 학생들이 확인할 수 있도록 놀이판을 화면에 공유합니다.

놀이 자료

놀이판

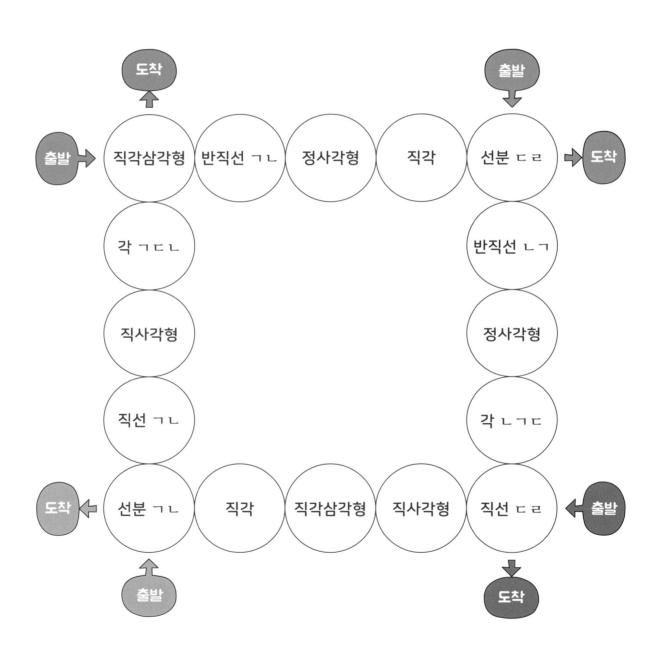

도형 카드

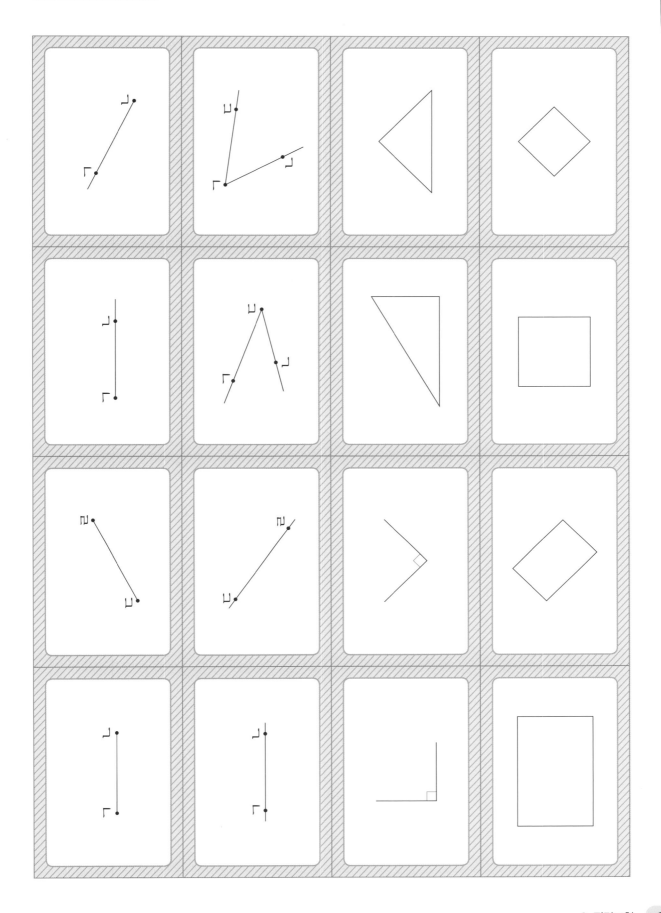

활동1 그림판에서 도형을 찾아 주어진 색으로 따라 그려 보세요.

직각삼각형: 빨간색   직사각형: 주황색   정사각형: 초록색

💡 그림판

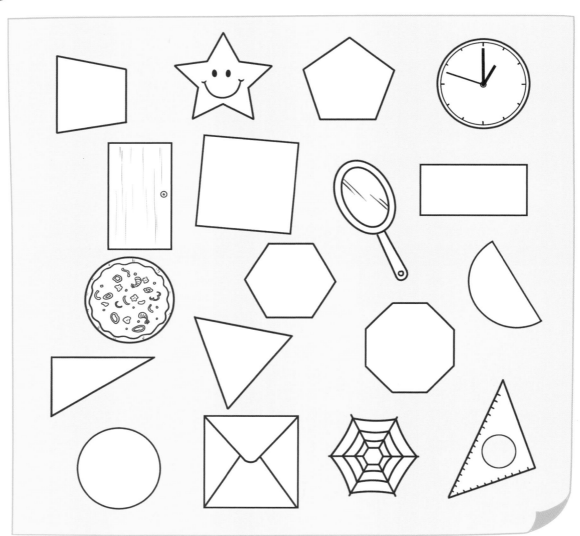

활동 2 알맞은 도형을 찾아 선을 그으며 따라가 보세요.

나눗셈 퍼즐 조각을 모아 봐

같은 나눗셈식으로 나타낼 수 있는 퍼즐 조각 3개를 모아 가장 먼저  모양을 완성하는 사람이 이기는 놀이

수업 나침반

학습 목표	같은 양이 몇 번 들어 있는 나눗셈을 이해하여 놀이를 할 수 있습니다.
핵심 역량	☑ 문제 해결 ☐ 추론 ☐ 창의·융합 ☑ 의사소통 ☐ 정보 처리 ☑ 태도 및 실천
인원	2~4명이 1모둠(개인전)
준비물	나눗셈 퍼즐 조각

놀이 방법

① 나눗셈 퍼즐 조각 을 잘 섞은 후 책상 위에 뒷면이 보이게 펼쳐 놓습니다.

② 가위바위보를 하여 순서를 정합니다.

③ 각자 가지고 있는 나눗셈 퍼즐 조각 이 3개가 될 때까지 돌아가며 조각을 한 개씩 가져 갑니다.

④ 가지고 있는 나눗셈 퍼즐 조각 을 모두 같은 나눗셈식으로 나타낼 수 있으면 퍼즐을 완성하고 자신의 이름을 외칩니다.

⑤ 가지고 있는 나눗셈 퍼즐 조각 을 모두 같은 나눗셈식으로 나타낼 수 없으면 가지고 있던 조각 한 개를 책상 위에 놓인 조각 한 개와 바꿉니다.

주의 가지고 있던 퍼즐 조각을 책상 위에 내려놓을 때는 뒷면이 보이게 내려놓습니다.

⑥ 돌아가며 놀이를 계속합니다.

⑦ 퍼즐 조각 3개를 모아 가장 먼저  모양을 완성한 사람이 이깁니다.

영상으로 놀이 방법을 쉽게 확인할 수 있어요~

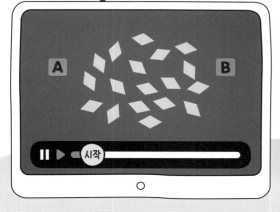

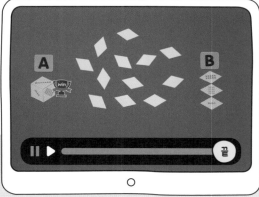

수업
내비게이션

📍 **개념 확인** 학생들이 같은 양이 몇 번 들어 있는 나눗셈을 이해하고 있는지 확인해 봅니다.

📍 **지도 Tip** 나눗셈을 동수누감의 의미로 접근하여 이를 수학적 언어로 표현할 수 있도록 지도합니다.

📍 **놀이 전략** 다음 순서를 위해 책상 위에 내려놓은 퍼즐 조각의 내용과 위치를 기억해 두면 유리하다는 것을 알도록 합니다.

이럴 때는 이렇게 지도하세요!

수준별 지도

"너무 어려워요"라고 할 때는 이렇게!
퍼즐 조각의 개수를 줄여서 진행할 수 있습니다.

"너무 쉬워요"라고 할 때는 이렇게!
퍼즐 조각의 개수를 늘려서 진행할 수 있습니다.

온라인 수업 지도

학생들이 각자 퍼즐 조각을 잘 섞은 후 정해진 시간 동안 퍼즐 조각을 맞추는 방법으로 진행할 수 있습니다. 이때 퍼즐을 모두 맞춘 학생은 "완성"이라고 외칩니다.

나눗셈 퍼즐 조각

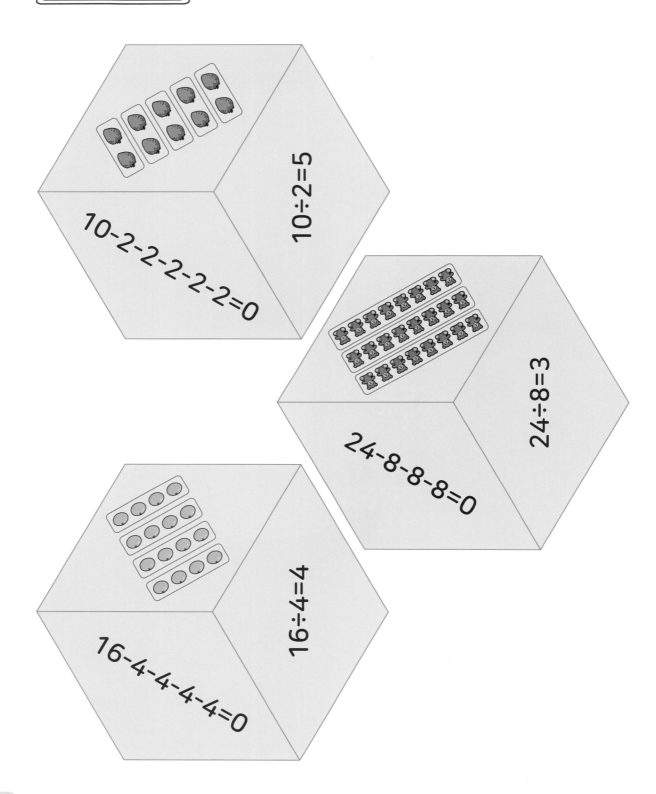

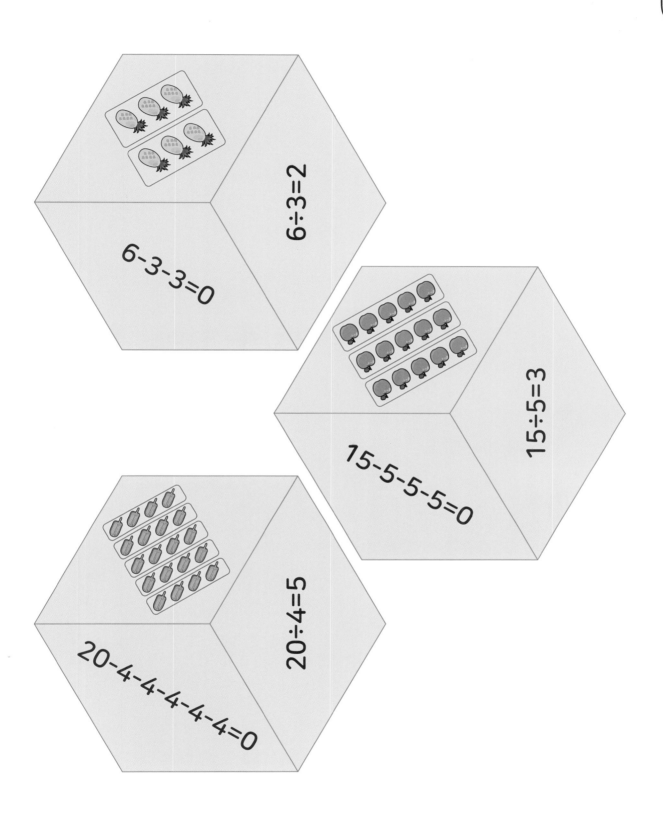

6÷3=2

6-3-3=0

15÷5=3

15-5-5-5=0

20÷4=5

20-4-4-4-4-4=0

승객을 태워라

나눗셈의 몫이 기차 카드에 적힌 수인 승객 카드 4장을 가장 먼저 모으는 사람이 이기는 놀이

수업 나침반

학습 목표	나눗셈의 몫을 구하여 놀이를 할 수 있습니다.
핵심 역량	☑문제 해결 ☐추론 ☐창의·융합 ☑의사소통 ☐정보 처리 ☑태도 및 실천
인원	4명이 1모둠(개인전)
준비물	기차 카드 , 승객 카드 , 바둑돌 8개

놀이 방법

① 각자 기차 카드 를 한 장씩 고르고, 바둑돌을 2개씩 나누어 가집니다.

② 승객 카드 는 잘 섞은 후 책상 위에 5장씩 6줄로 뒷면이 보이게 놓습니다.

③ 순서를 정하여 첫 번째 사람부터 승객 카드 한 장을 뒤집습니다.

④ 승객 카드 에 적힌 나눗셈의 몫이 자신이 가진 기차 카드 에 적힌 수이면 기차 카드 의 빈 칸에 승객 카드 를 올려놓습니다.

⑤ 승객 카드 에 적힌 나눗셈의 몫이 자신이 가진 기차 카드 에 적힌 수가 아니면 다시 제 자리에 뒷면이 보이게 놓거나 승객 카드 를 다른 사람에게 팝니다.

⑥ 승객 카드 를 팔 때는 "팝니다"라고 외칩니다.

⑦ 승객 카드 를 사고 싶은 사람이 있으면 바둑돌 한 개를 받고 승객 카드 를 팝니다.

⑧ 승객 카드 를 사고 싶은 사람이 없으면 카드를 다시 제자리에 뒷면이 보이게 놓습니다.

⑨ 돌아가며 ③∼⑧을 반복하고, 기차 카드 에 승객 카드 4장을 가장 먼저 올려놓은 사람 이 이깁니다.

 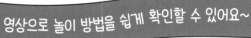

영상으로 놀이 방법을 쉽게 확인할 수 있어요~

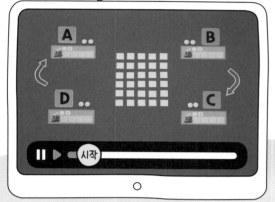 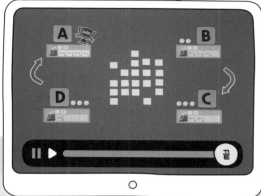

수업
내비게이션

📍 **개념 확인** 학생들이 곱셈구구를 이용하여 나눗셈의 몫을 구할 수 있는지 확인해 봅니다.

📍 **지도 Tip** 암산으로 나눗셈의 몫을 구하기 어려워하는 학생들은 곱셈표를 보고 나눗셈의 몫을 구할 수 있도록 지도합니다.

📍 **놀이 전략** · 기차 카드 에 올려놓을 수 있는 나눗셈이 적힌 승객 카드 의 위치를 기억해 두면 유리하다는 것을 알도록 합니다.
· 바둑돌을 계획적으로 사용하면 유리하다는 것을 알도록 합니다.

이럴 때는 이렇게 지도하세요!

수준별 지도

"너무 어려워요"라고 할 때는 이렇게!
승객 카드를 책상 위에 앞면이 보이게 펼쳐 놓고 기차 카드에 올려놓을 수 있는 승객 카드를 찾는 방법으로 진행할 수 있습니다.

"너무 쉬워요"라고 할 때는 이렇게!
승객 카드의 장수를 늘려서 진행할 수 있습니다.

온라인 수업 지도

교사가 승객 카드 한 장을 화면에 보여 줍니다. 학생들은 교사가 보여 주는 승객 카드에 적힌 나눗셈의 몫이 자신이 가진 기차 카드에 적힌 수이면 자신의 이름을 외칩니다. 가장 먼저 이름을 외친 학생이 승객 카드의 나눗셈을 자신의 기차 카드에 적는 방법으로 진행할 수 있습니다.

기차 카드

승객 카드

10÷5	14÷7	16÷8	18÷9	21÷3
6÷2	9÷3	12÷4	15÷5	35÷5
8÷2	12÷3	28÷7	32÷8	63÷9
20÷4	25÷5	30÷6	35÷7	24÷3
18÷3	24÷4	36÷6	48÷8	40÷5
18÷2	27÷3	45÷5	63÷7	72÷9

_____ 학년 _____ 반 _____ 번

이름 _____

활동 1 허수아비 그림에 적힌 나눗셈의 몫을 구하여 몫에 알맞은 색으로 색칠해 보세요.

2: 빨간색	3: 주황색	4: 노란색	5: 초록색
6: 파란색	7: 분홍색	8: 연두색	9: 보라색

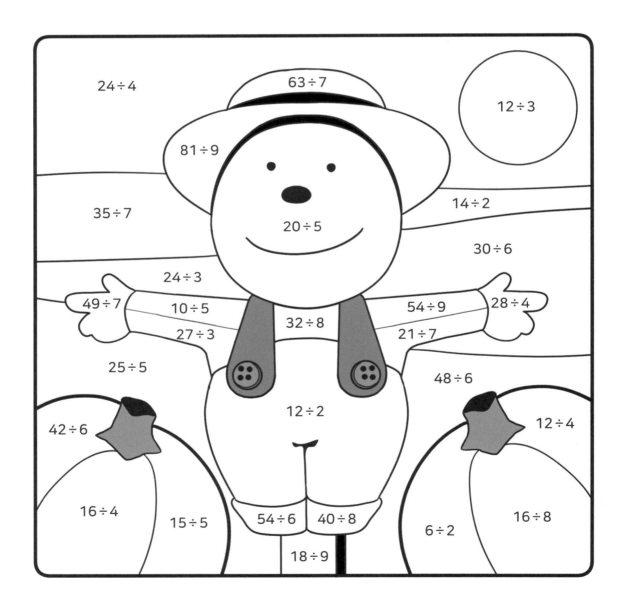

활동 2 ⬜ 안에 알맞은 수가 8인 곳을 따라 선을 그어 휴게소로 가는 길을 찾아보세요.

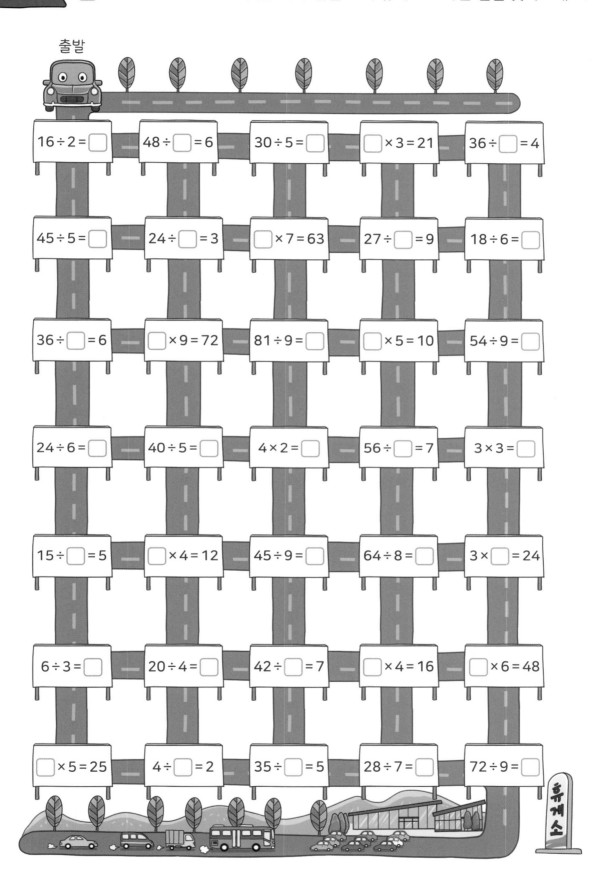

출발

16 ÷ 2 = ⬜	48 ÷ ⬜ = 6	30 ÷ 5 = ⬜	⬜ × 3 = 21	36 ÷ ⬜ = 4
45 ÷ 5 = ⬜	24 ÷ ⬜ = 3	⬜ × 7 = 63	27 ÷ ⬜ = 9	18 ÷ 6 = ⬜
36 ÷ ⬜ = 6	⬜ × 9 = 72	81 ÷ 9 = ⬜	⬜ × 5 = 10	54 ÷ 9 = ⬜
24 ÷ 6 = ⬜	40 ÷ 5 = ⬜	4 × 2 = ⬜	56 ÷ ⬜ = 7	3 × 3 = ⬜
15 ÷ ⬜ = 5	⬜ × 4 = 12	45 ÷ 9 = ⬜	64 ÷ 8 = ⬜	3 × ⬜ = 24
6 ÷ 3 = ⬜	20 ÷ 4 = ⬜	42 ÷ ⬜ = 7	⬜ × 4 = 16	⬜ × 6 = 48
⬜ × 5 = 25	4 ÷ ⬜ = 2	35 ÷ ⬜ = 5	28 ÷ 7 = ⬜	72 ÷ 9 = ⬜

휴게소

회전판을 돌려 네모네모

24와 한 자리 수의 곱셈 결과를 이용하여 정사각형 3개를 먼저 완성하는 사람이 이기는 놀이

수업 나침반

학습 목표	(두 자리 수)×(한 자리 수)를 이용하여 놀이를 할 수 있습니다.
핵심 역량	☑ 문제 해결 ☑ 추론 ☐ 창의·융합 ☑ 의사소통 ☐ 정보 처리 ☑ 태도 및 실천
인원	2명이 1모둠(개인전)
준비물	회전판 , 네모네모 판 , 색이 다른 색연필 2자루, 연필, 클립

놀이 방법

① 가위바위보를 하여 순서를 정하고, 색연필을 한 자루씩 고릅니다.

② 이긴 사람부터 한쪽 끝을 편 클립을 회전판 에 연필로 고정하여 손가락으로 클립을 튕겨서 돌립니다.

　참고 클립의 끝이 회전판의 선 위에 멈추면 클립을 다시 한번 튕겨서 돌립니다.

③ 24와 클립이 가리키는 수를 곱합니다.

④ 네모네모 판 에서 ③의 계산 결과가 적힌 칸을 찾고, 찾은 칸을 둘러싸고 있는 점선을 따라 점 2개를 잇는 선분 한 개를 긋습니다.

　참고 선분을 그을 곳이 없을 때는 상대방에게 순서가 넘어갑니다.

⑤ 번갈아 가며 ②~④를 반복합니다.

⑥ 선분을 그어 정사각형을 완성하면 완성한 사람의 색연필로 정사각형을 색칠합니다.

　주의 선분 3개를 그은 사람과는 관계없이 마지막 선분을 그어 정사각형을 완성한 사람이 색칠합니다.

⑦ 정사각형 3개를 먼저 완성한 사람이 이깁니다.

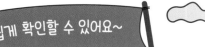

영상으로 놀이 방법을 쉽게 확인할 수 있어요~

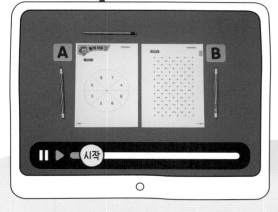

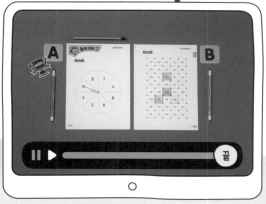

수업 내비게이션

📍 **개념 확인** 학생들이 (두 자리 수)×(한 자리 수)의 계산 원리를 이해하고 계산할 수 있는지 확인해 봅니다.

📍 **지도 Tip** • 학생들이 계산 결과를 검토할 때 (두 자리 수)×(한 자리 수)를 실제로 계산하지 않고 어림하여 곱이 어느 정도 될지 가늠하는 감각을 기를 수 있도록 지도합니다.
• 계산을 어려워하는 학생들은 계산기를 사용하도록 지도합니다.

📍 **놀이 전략** 선분 3개를 먼저 그은 경우 상대방이 마지막 선분을 그어 정사각형을 완성할 수도 있다는 점을 주의하도록 합니다.

이럴 때는 이렇게 지도하세요!

수준별 지도

"너무 어려워요"라고 할 때는 이렇게!
선분을 긋지 않고 칸을 색칠하여 가로 또는 세로 방향으로 이어진 3칸을 먼저 색칠한 사람이 이기는 방법으로 진행할 수 있습니다.

"너무 쉬워요"라고 할 때는 이렇게!
선분을 그어 완성한 정사각형 3개를 가로 또는 세로 방향으로 먼저 한 줄로 이어서 색칠한 사람이 이기는 방법으로 진행할 수 있습니다.

온라인 수업 지도

학급 전체 학생을 2팀으로 나누고, 교사가 팀 대표로 클립을 돌려 화면에 보여 주는 방법으로 진행할 수 있습니다.
이때 네모네모 판을 화면에 공유한 후 팀별 학생들이 주석 기능을 이용하여 돌아가며 선분을 긋도록 합니다.

놀이 자료

놀이 방법

1모둠에 1장씩 필요합니다.

회전판

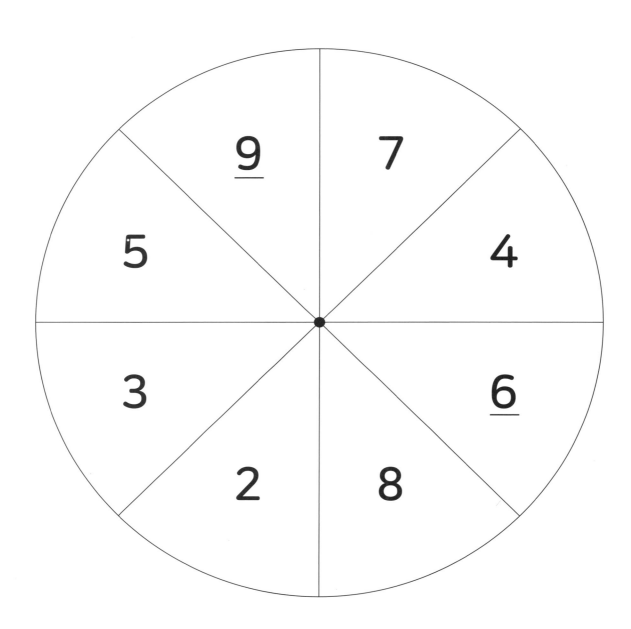

네모네모 판

48	120	192	72	144
144	192	96	216	168
168	72	144	192	216
216	192	168	48	72
96	120	216	144	168
168	48	96	120	72
96	120	144	192	96
48	72	216	120	48

징검다리를 건너 수를 차지하라

(두 자리 수)×(한 자리 수)의 결과를 이용하여 수 5개를 먼저 차지하는 사람이
이기는 놀이

수업 나침반

학습 목표	(두 자리 수)×(한 자리 수)를 이용하여 놀이를 할 수 있습니다.
핵심 역량	☑문제 해결 ☐추론 ☐창의·융합 ☑의사소통 ☐정보 처리 ☑태도 및 실천
인원	2명이 1모둠(개인전)
준비물	징검다리 판 , 말, 흰색 바둑돌 5개, 검은색 바둑돌 5개, 주사위

놀이 방법

① 순서를 정하고 바둑돌의 색을 골라 5개씩 가집니다.

② 징검다리 판 의 '출발'을 고르고 각자 말을 자신이 고른 '출발'에 둡니다.

③ 정한 순서대로 주사위를 던져 나온 눈의 수만큼 말을 움직입니다.

④ 말이 도착한 곳에 적힌 곱셈을 계산하고, 계산 결과를 가운데 바둑돌 판에서 찾아 자신의 바둑돌을 올려놓습니다.

> 참고 • 계산 결과를 바둑돌 판에서 찾지 못할 경우 상대방에게 순서가 넘어갑니다.
> • 바둑돌을 올려놓을 곳에 상대방의 바둑돌이 놓여 있다면 상대방의 바둑돌을 바둑돌 판의 바깥쪽으로 옮겨 놓고, 자신의 바둑돌을 올려놓습니다.
> • 바둑돌을 올려놓을 곳에 자신의 바둑돌이 놓여 있다면 바둑돌을 더 올리지 않습니다.

⑤ 번갈아 가며 ③, ④를 반복합니다.

⑥ 다음 경우에는 주사위를 한 번 더 던질 수 있습니다.
• 징검다리 판 에서 말을 움직이다가 상대방의 말이 있는 곳에 도착하거나 상대방의 말을 뛰어넘은 경우
• 바둑돌 판에서 상대방의 바둑돌을 바둑돌 판의 바깥쪽으로 옮겨 놓은 경우

⑦ 바둑돌 판에 바둑돌 5개를 먼저 올려놓는 사람이 이깁니다.

영상으로 놀이 방법을 쉽게 확인할 수 있어요~

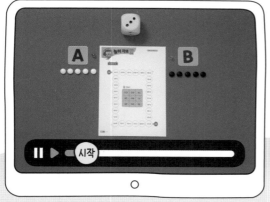

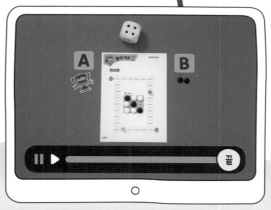

수업 내비게이션

📍 **개념 확인** 학생들이 (두 자리 수)×(한 자리 수)의 계산 원리를 이해하고 계산할 수 있는지 확인해 봅니다.

📍 **지도 Tip** • 서로 다른 곱셈의 계산 결과가 같을 수 있다는 것을 알도록 지도합니다.
• 계산을 어려워하는 학생들은 계산기를 사용하도록 지도합니다.

📍 **놀이 전략** 주사위를 던지기 전에 곱셈의 계산 결과를 어림하고 바둑돌을 올려놓을 곳을 확인하면서 주사위를 던지면 유리하다는 것을 알도록 합니다.

이럴 때는 이렇게 지도하세요!

수준별 지도

"너무 어려워요"라고 할 때는 이렇게!
바둑돌 판에 바둑돌 3개를 먼저 올려놓는 사람이 이기는 방법으로 진행할 수 있습니다.

"너무 쉬워요"라고 할 때는 이렇게!
바둑돌 판에서 바둑돌이 없는 칸에만 바둑돌을 올려놓을 수 있도록 합니다. 바둑돌 판의 모든 칸에 바둑돌을 올려놓았을 때 칸을 더 많이 차지한 사람이 이기는 방법으로 진행할 수 있습니다.

온라인 수업 지도

학급 전체 학생이 한 팀이 되어 교사와 대결하는 방법으로 진행할 수 있습니다.
이때 징검다리 판을 화면에 공유한 후 학생들이 돌아가며 놀이에 참여할 수 있도록 합니다.

징검다리 판

출발 →

44×3 24×9 42×2 한 번 더 20×3 29×5

36×2   16×6

20×8   32×6

26×5   ㉢ 바둑돌 판   80×2

132	216	84
60	108	72
48	160	96

54×2   21×4

32×3   18×4

30×2   36×3

12×4   70×3

54×4 10×7 33×4 24×2 한 번 더 11×9 ← 출발

활동 1 곱셈을 계산하여 계산 결과를 따라가면서 미로를 빠져나가 보세요.

5단원

시간이 폴짝폴짝

초 단위 카드 뛰어넘기를 하여 1분 카드를 가장 많이 모으는 사람이 이기는 놀이

수업 나침반		
학습 목표	1초와 1분 사이의 관계를 이용하는 놀이를 할 수 있습니다.	
핵심 역량	☑문제 해결 ☐추론 ☐창의·융합 ☑의사소통 ☐정보 처리 ☑태도 및 실천	
인원	2~4명이 1모둠(개인전)	
준비물	놀이판 , 초 단위 카드 , 1분 카드	

① 놀이판 은 오른쪽과 같이 놓고, 1분 카드 더미는 책상 위에 앞면이 보이게 놓습니다.

② 초 단위 카드 를 잘 섞은 후 놀이판 의 한 칸에 한 장씩 앞면이 보이게 올려놓습니다.

		이 칸은 비워 놓고 시작하세요.	이 칸은 비워 놓고 시작하세요.		

③ 순서를 정하여 한 사람이 먼저 놀이판 에 올려놓은 초 단위 카드 중에서 한 장을 골라 카드가 놓인 한 칸을 뛰어넘어 빈칸으로 움직입니다. 이때 여러 번 뛰어넘을 수 있습니다.

참고 카드를 여러 번 뛰어넘을 때는 방향을 바꾸어 뛰어넘을 수 있습니다.

④ 초 단위 카드 를 움직일 때 뛰어넘은 카드는 가져갑니다.

⑤ 가져온 초 단위 카드 는 모아서 60초가 되면 1분 카드 한 장으로 바꿉니다.

참고 80초가 적힌 초 단위 카드와 40초가 적힌 초 단위 카드를 모아서 1분 카드 2장으로 바꿀 수 있습니다.

⑥ 더 이상 뛰어넘을 초 단위 카드 가 없을 때까지 돌아가며 놀이를 계속합니다.

⑦ 1분 카드 를 가장 많이 모은 사람이 이깁니다.

참고 모은 1분 카드의 장수가 같을 경우 더 큰 수가 적힌 초 단위 카드를 가지고 있는 사람이 이깁니다.

영상으로 놀이 방법을 쉽게 확인할 수 있어요~

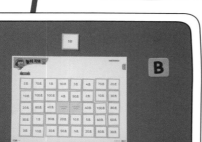

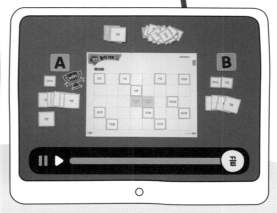

수업 내비게이션

📍 **개념 확인**   학생들이 1초 단위를 이해하여 초 단위 시간을 분 단위 시간으로 나타낼 수 있는지 확인해 봅니다.

📍 **지도 Tip**   1분=60초임을 이해하여 초 단위 카드 를 1분 카드 로 바꿀 수 있도록 지도합니다.

📍 **놀이 전략**   이미 모은 초 단위 카드 를 보고 1분 카드 로 바꾸기 위해 어떤 초 단위 카드 가 더 필요한지 생각하여 뛰어넘기 방향을 정하도록 합니다.

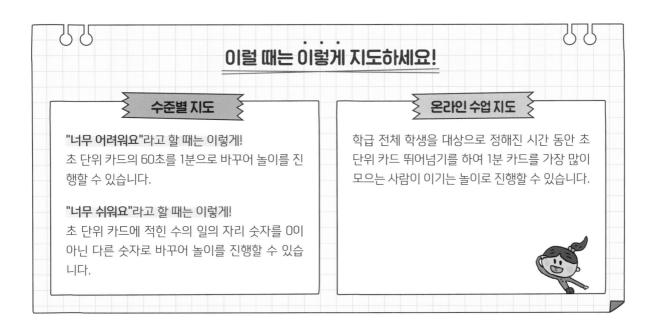

이럴 때는 이렇게 지도하세요!

수준별 지도

"너무 어려워요"라고 할 때는 이렇게!
초 단위 카드의 60초를 1분으로 바꾸어 놀이를 진행할 수 있습니다.

"너무 쉬워요"라고 할 때는 이렇게!
초 단위 카드에 적힌 수의 일의 자리 숫자를 0이 아닌 다른 숫자로 바꾸어 놀이를 진행할 수 있습니다.

온라인 수업 지도

학급 전체 학생을 대상으로 정해진 시간 동안 초 단위 카드 뛰어넘기를 하여 1분 카드를 가장 많이 모으는 사람이 이기는 놀이로 진행할 수 있습니다.

놀이 방법

놀이판

			이 칸은 비워 놓고 시작하세요.

이 칸은 비워 놓고 시작하세요.			

놀이 자료

1초	1초	2초	2초
3초	3초	4초	4초
5초	5초	10초	10초
10초	10초	20초	20초
20초	20초	30초	30초

30초	30초	40초	40초
50초	50초	60초	60초
60초	70초	70초	80초
80초	90초	90초	100초
100초	100초		

놀이 자료

1분 카드

1분	1분	1분
1분	1분	1분
1분	1분	1분
1분	1분	1분

1분	1분	1분
1분	1분	1분
1분	1분	1분
1분	1분	1분

누가 누가 더 가깝나

띠종이의 길이를 어림하여 띠종이를 가장 많이 모으는 사람이 이기는 놀이

수업 나침반		
학습 목표	길이를 어림하고 재어 보는 놀이를 할 수 있습니다.	
핵심 역량	☑문제 해결　☑추론　☐창의·융합	
	☑의사소통　☐정보 처리　☑태도 및 실천	
인원	3~4명이 1모둠(개인전)	
준비물	띠종이, 20 cm 자	

① 순서를 정하여 한 사람이 [띠종이] 한 장을 골라 길이를 자로 잽니다.

　(주의) 잰 길이는 잰 사람만 알고 있도록 합니다.

② 나머지 사람들은 순서대로 돌아가며 [띠종이]의 길이를 ■ cm ● mm로 어림하여 말합니다.

　(주의) 다른 사람이 먼저 말한 길이는 말할 수 없습니다.

③ [띠종이]의 길이를 잰 사람은 [띠종이]의 길이를 가장 가깝게 어림한 사람에게 가지고 있던 [띠종이]를 줍니다.

　(참고) 길이를 가장 가깝게 어림한 사람을 찾을 때는 놀이에 참여한 사람 모두가 함께 찾도록 합니다.

④ 같은 방법으로 돌아가며 길이를 잴 [띠종이]가 없을 때까지 놀이를 계속합니다.

⑤ [띠종이]를 가장 많이 모은 사람이 이깁니다.

영상으로 놀이 방법을 쉽게 확인할 수 있어요~

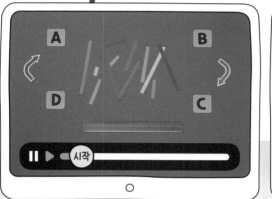
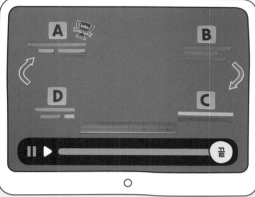

수업
내비게이션

- 📍 **개념 확인** 학생들이 길이를 어림하고 재어 볼 수 있는지 확인해 봅니다.

- 📍 **지도 Tip** 길이를 어림하는 여러 가지 전략에 대해 이야기해 보고, 길이를 어림해 보도록 지도합니다.

- 📍 **놀이 전략** 길이를 알고 있는 물건을 이용하여 띠종이 의 길이를 어림하도록 합니다.

이럴 때는 이렇게 지도하세요!

수준별 지도

"너무 어려워요"라고 할 때는 이렇게!
두 명이 한 팀이 되어 서로 상의하며 진행할 수 있습니다.

"너무 쉬워요"라고 할 때는 이렇게!
띠종이 2장을 이어붙여 길이를 어림하는 놀이로 진행할 수 있습니다.

온라인 수업 지도

교사가 띠종이 하나를 지정하면 학생들은 띠종이의 길이를 어림하고 어림한 길이를 종이에 써서 화면에 제시합니다. 교사와 학생 모두 띠종이의 길이를 재어 보고 길이를 가장 가깝게 어림한 사람을 찾는 놀이로 진행할 수 있습니다.

놀이 자료

1모둠에 1장씩 필요합니다.

띠종이

활동 1 같은 길이 또는 같은 시간을 찾아 길을 따라 선으로 이어 보세요.

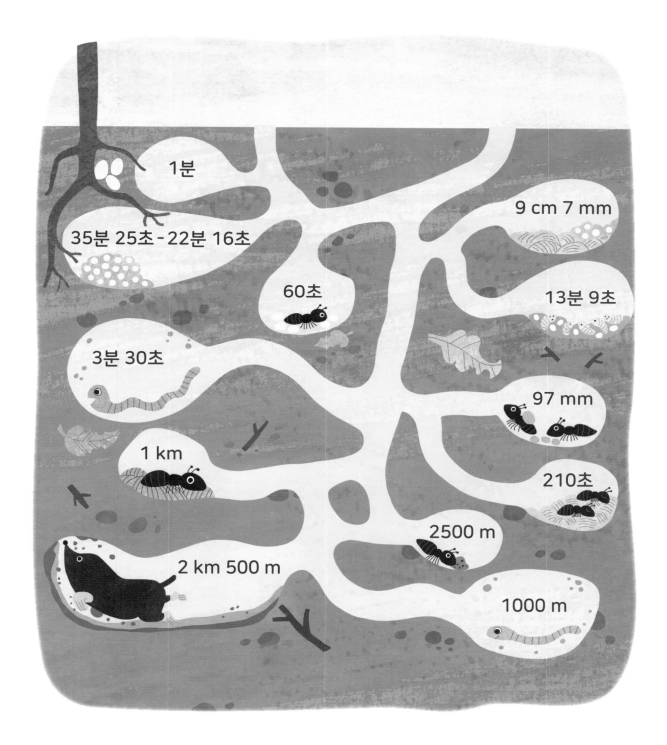

1분

35분 25초 – 22분 16초

60초

9 cm 7 mm

13분 9초

3분 30초

97 mm

1 km

210초

2 km 500 m

2500 m

1000 m

짝꿍 카드를 찾아라

같은 분수를 나타내는 분수 카드와 그림 카드를 가장 많이 모으는 사람이 이기는 놀이

수업 나침반	학습 목표	분수의 개념을 이해하여 놀이를 할 수 있습니다.
	핵심 역량	☑ 문제 해결　　☐ 추론　　☐ 창의·융합 ☑ 의사소통　　☐ 정보 처리　　☑ 태도 및 실천
	인원	2~4명이 1모둠(개인전)
	준비물	분수 카드 , 그림 카드

① 분수 카드 와 그림 카드 를 구분하여 다음과 같이 3장씩 4줄로 뒷면이 보이게 놓습니다.

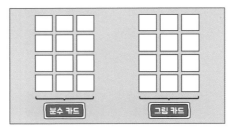

② 순서를 정하여 한 사람이 먼저 분수 카드 와 그림 카드 를 각각 한 장씩 앞면이 보이게 뒤집습니다.

③ 뒤집은 분수 카드 와 그림 카드 가 같은 분수를 나타내면 뒤집은 두 장의 카드를 가져가고, 같은 분수를 나타내지 않으면 카드를 제자리에 다시 뒷면이 보이게 놓습니다.

참고 그림 카드가 나타내는 분수는 색칠한 부분이 나타내는 분수로 생각합니다.

④ 카드가 모두 없어질 때까지 돌아가며 놀이를 계속합니다.

⑤ 카드를 가장 많이 가져간 사람이 이깁니다.

영상으로 놀이 방법을 쉽게 확인할 수 있어요~

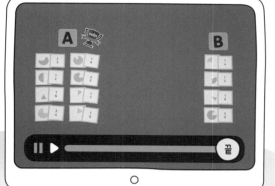

수업 내비게이션

📍 **개념 확인** 　학생들이 분수의 개념을 알고 있는지 확인해 봅니다.

📍 **지도 Tip** 　놀이를 통하여 전체에 대한 부분의 크기로서의 분수 개념을 이해할 수 있도록 지도합니다.

📍 **놀이 전략** 　다음 순서를 위해 앞면이 보이게 뒤집은 카드의 내용과 위치를 기억하도록 합니다.

이럴 때는 이렇게 지도하세요!

수준별 지도

"너무 어려워요"라고 할 때는 이렇게!
분수 카드와 그림 카드의 장수를 각각 줄여서 진행할 수 있습니다.

"너무 쉬워요"라고 할 때는 이렇게!
분수 카드와 그림 카드의 장수를 각각 늘려서 진행할 수 있습니다.

온라인 수업 지도

전체 학생을 두 팀으로 나누어 팀끼리의 대결로 놀이를 진행할 수 있습니다. 이때 팀별 학생들이 돌아가며 분수 카드와 그림 카드를 각각 한 장씩 선택하여 말하면 교사가 학생들이 선택한 카드를 뒤집어 화면에 비추며 진행할 수 있습니다.

놀이 방법

1모둠에 1장씩 필요합니다.

분수 카드

$\dfrac{1}{2}$	$\dfrac{1}{3}$	$\dfrac{2}{3}$
$\dfrac{1}{4}$	$\dfrac{3}{4}$	$\dfrac{1}{5}$
$\dfrac{4}{5}$	$\dfrac{1}{6}$	$\dfrac{5}{6}$
$\dfrac{1}{7}$	$\dfrac{1}{8}$	$\dfrac{7}{8}$

그림 카드

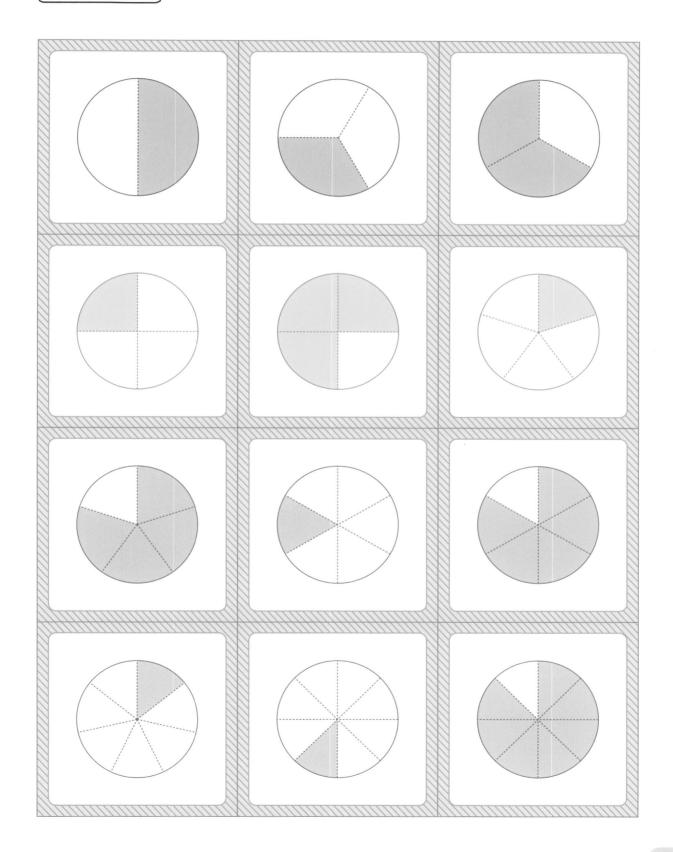

6단원

분수와 소수 빙고

분수 또는 소수만큼 그림을 색칠하여 3줄 빙고를 먼저 완성하는 사람이
이기는 놀이

수업 나침반

학습 목표	분수와 소수의 개념을 이해하여 놀이를 할 수 있습니다.
핵심 역량	☑ 문제 해결 ☐ 추론 ☐ 창의·융합 ☑ 의사소통 ☐ 정보 처리 ☑ 태도 및 실천
인원	2~4명이 1모둠(개인전)
준비물	빙고 판 , 주사위

놀이 방법

① 한 사람당 빙고 판 을 하나씩 가집니다.

② 순서를 정하여 이긴 사람부터 주사위를 던집니다.

③ 주사위를 던져 나온 눈의 수만큼 각자 빙고 판 의 그림에서 나누어진 칸을 색칠합니다. 색칠할 때는 색칠한 부분이 그림 위에 적힌 분수나 소수를 나타내도록 하고, 색칠할 칸 수를 나누어 다른 그림에 색칠할 수 있습니다.

예 ⚃ 이 나온 경우 다음과 같이 색칠할 수 있습니다.

$\dfrac{1}{2}$ 에서 1칸을 색칠하고, 0.4 에서 2칸을 색칠하기

④ 색칠한 부분이 그림 위에 적힌 분수나 소수를 나타내면 빙고 판 의 칸에 ○표 합니다.

⑤ ③, ④와 같이 놀이를 계속합니다.

⑥ →, ↓, ↘, ↗ 방향으로 5칸씩 3줄을 ○표 하면 "빙고"를 외치고, 가장 먼저 "빙고"를 외친 사람이 이깁니다.

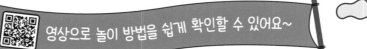

영상으로 놀이 방법을 쉽게 확인할 수 있어요~

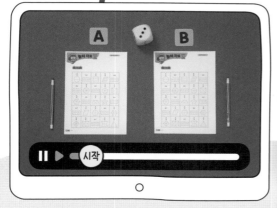

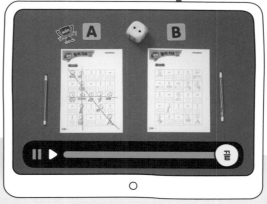

수업 내비게이션

📍 **개념 확인**   학생들이 분수와 소수의 개념을 알고 있는지 확인해 봅니다.

📍 **지도 Tip**   다양한 방법으로 빙고 판에 적힌 분수와 소수에 맞게 그림의 칸을 색칠해 볼 수 있도록 지도합니다.

📍 **놀이 전략**   먼저 빙고 판의 가운데 칸부터 ○표 하는 것이 유리함을 발견하도록 합니다.

이럴 때는 이렇게 지도하세요!

수준별 지도

"너무 어려워요"라고 할 때는 이렇게!
두 명이 한 팀이 되어 서로 상의하며 진행할 수 있습니다.

"너무 쉬워요"라고 할 때는 이렇게!
5칸씩 5줄을 먼저 ○표 한 사람이 이기는 놀이로 진행할 수 있습니다.

온라인 수업 지도

교사가 주사위를 던져 나온 눈을 화면에 비추면 학생들은 자신의 빙고 판의 그림을 색칠합니다.
5칸씩 3줄을 ○표 하면 "빙고"를 외치고, 가장 먼저 "빙고"를 외친 사람이 이기는 놀이로 진행할 수 있습니다.

빙고 판

$\frac{1}{2}$	0.2	$\frac{2}{3}$	$\frac{6}{9}$	0.6
0.4	$\frac{8}{9}$	0.1	$\frac{3}{5}$	$\frac{2}{4}$
$\frac{5}{6}$	0.5	$\frac{2}{3}$	$\frac{3}{5}$	0.3
0.7	$\frac{1}{2}$	$\frac{3}{4}$	0.2	$\frac{4}{6}$
$\frac{6}{8}$	$\frac{5}{8}$	0.1	$\frac{2}{4}$	$\frac{2}{3}$

손으로 하는
수학 활동

활동 1 원숭이가 바나나가 있는 곳으로 가려고 합니다. 두 수 중에서 크기가 더 큰 수를 따라 바나나가 있는 곳까지 가는 길을 찾아보세요.

점점 커지는 곱셈

곱셈의 결과가 커지도록 곱셈을 가장 많이 이어 적는 사람이 이기는 놀이

수업 나침반

학습 목표	(세 자리 수)×(한 자리 수)를 이용하여 놀이를 할 수 있습니다.

핵심 역량	☑문제 해결 ☑추론 ☐창의·융합 ☑의사소통 ☐정보 처리 ☑태도 및 실천

인원	2~4명이 1모둠(개인전)

준비물	곱셈 카드 , 곱셈 판

놀이 방법

① 곱셈 카드 더미를 뒷면이 보이게 책상 위에 놓고, 각자 곱셈 판 을 하나씩 가집니다.

② 순서를 정하여 한 사람이 먼저 곱셈 카드 한 장을 앞면이 보이게 뒤집습니다.

③ 뒤집은 곱셈 카드 에 적힌 식을 각자 자신의 곱셈 판 의 '곱셈' 자리에 위치를 자유롭게 정하여 옮겨 적습니다.

   주의 한 번 적은 식은 다른 자리로 옮겨 적을 수 없습니다.

④ 돌아가며 ②, ③을 반복합니다.

⑤ 곱셈 카드 더미를 모두 뒤집으면 곱셈 판 에 적은 곱셈을 계산하여 계산 결과를 씁니다.

⑥ 곱셈 판 의 계산 결과가 아래로 내려갈수록 큰 수가 되는 경우를 찾아 묶습니다.

⑦ 한 묶음의 수가 가장 많은 사람이 이깁니다.

영상으로 놀이 방법을 쉽게 확인할 수 있어요~

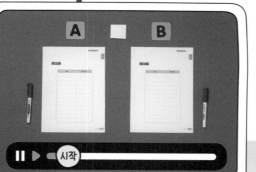

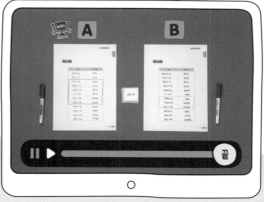

수업 내비게이션

📍 **개념 확인**   학생들이 (세 자리 수)×(한 자리 수)를 이해하고 그 결과를 어림할 수 있는지 확인해 봅니다.

📍 **지도 Tip**   • 놀이를 시작하기 전에 곱셈의 결과를 좀 더 정확하게 어림할 수 있는 방법에 대해 생각해 보도록 지도합니다.
• 계산을 어려워하는 학생들은 계산기를 사용하도록 지도합니다.

📍 **놀이 전략**   곱셈 판 에 식을 옮겨 적을 때는 곱셈의 결과를 어림하여 식을 써넣을 위치를 정하도록 합니다.

이럴 때는 이렇게 지도하세요!

수준별 지도

"너무 어려워요"라고 할 때는 이렇게!
곱셈 카드의 장수를 줄여서 진행할 수 있습니다.

"너무 쉬워요"라고 할 때는 이렇게!
제시한 곱셈 카드 중 몇 장만 (세 자리 수)×(한 자리 수)의 곱셈에서 (두 자리 수)×(두 자리 수)의 곱셈으로 식을 바꾸어 진행할 수 있습니다.

온라인 수업 지도

교사가 곱셈 카드를 한 장씩 화면에 보여 주면 학생들은 자신의 곱셈 판에 식을 적는 방법으로 놀이를 진행할 수 있습니다.

곱셈 카드

300 × 7	400 × 6	216 × 3
111 × 9	223 × 4	333 × 2
343 × 2	441 × 3	261 × 8
941 × 8	720 × 9	내 마음대로 식 만들기

곱셈	계산 결과

동서남북 곱셈

두 수의 곱을 구하여 곱이 더 크거나 작은 사람이 이기는 놀이

수업 나침반

학습 목표	(두 자리 수)×(두 자리 수)를 이용하여 놀이를 할 수 있습니다.
핵심 역량	☑문제 해결　☐추론　☐창의·융합 ☑의사소통　☐정보 처리　☑태도 및 실천
인원	2명이 1모둠(개인전)
준비물	동서남북 종이접기 도안 , 기록판

놀이 방법

① 다음과 같이 동서남북 종이접기 도안 을 접으며 빈 곳에 두 자리 수 4개를 적습니다.

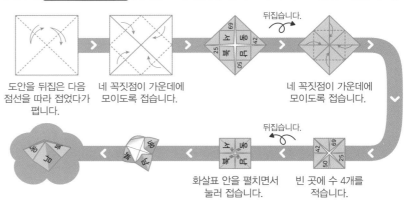

도안을 뒤집은 다음 점선을 따라 접었다가 폅니다.

네 꼭짓점이 가운데에 모이도록 접습니다.

뒤집습니다.

네 꼭짓점이 가운데에 모이도록 접습니다.

뒤집습니다.

빈 곳에 수 4개를 적습니다.

화살표 안을 펼치면서 눌러 접습니다.

② 순서를 정하여 한 사람이 먼저 방향과 횟수를 말하고, 접은 종이를 말한 횟수만큼 움직여 말한 방향에 적힌 수를 기록판 의 '첫 번째 수' 칸에 씁니다.

참고 "동쪽으로 4번"이라고 말하면 접은 종이에 손가락을 넣고, 접은 모양을 위와 아래, 왼쪽과 오른쪽으로 번갈아 가며 4번 벌려 동쪽에 적힌 수를 확인합니다.

③ ②와 같은 방법으로 기록판 의 '두 번째 수' 칸에 수를 쓴 다음 첫 번째 수와 두 번째 수의 곱을 '곱' 칸에 씁니다.

④ 다른 사람도 ②, ③과 같이 합니다.

⑤ 곱을 비교하여 기록판 에 적힌 조건에 맞게 승부를 겨룹니다.

영상으로 놀이 방법을 쉽게 확인할 수 있어요~

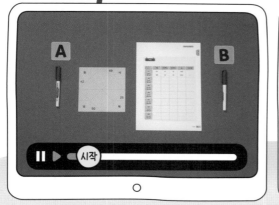

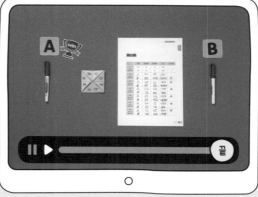

수업 내비게이션

📍 **개념 확인** 학생들이 (두 자리 수)×(두 자리 수)의 계산 원리를 이해하고 계산할 수 있는지 확인해 봅니다.

📍 **지도 Tip**
• 곱을 구하지 않고 어림하여 크기 비교 결과를 예상하게 한 후 예상한 결과가 맞는지 확인하며 놀이를 진행할 수도 있습니다.
• 계산을 어려워하는 학생들은 계산기를 사용하도록 지도합니다.

📍 **놀이 전략** 승부 조건에 맞는 결과가 되려면 어떤 두 수를 곱하는 것이 유리한지 생각해 보고 접은 종이에서 수가 적힌 위치를 알도록 합니다.

이럴 때는 이렇게 지도하세요!

수준별 지도

"너무 어려워요"라고 할 때는 이렇게!
'첫 번째 수' 또는 '두 번째 수' 중 하나를 10으로 정해 놓고 놀이를 진행할 수 있습니다.

"너무 쉬워요"라고 할 때는 이렇게!
기록판에 적힌 승부 조건 대신 학생들이 직접 승부 조건을 정하여 놀이를 진행할 수 있습니다.

온라인 수업 지도

전체 학생을 두 팀으로 나누어 팀끼리의 대결로 놀이를 진행할 수 있습니다. 이때 팀별 학생들이 돌아가며 '첫 번째 수'와 '두 번째 수'를 확인하고 곱을 구하도록 합니다.

동서남북 종이접기 도안

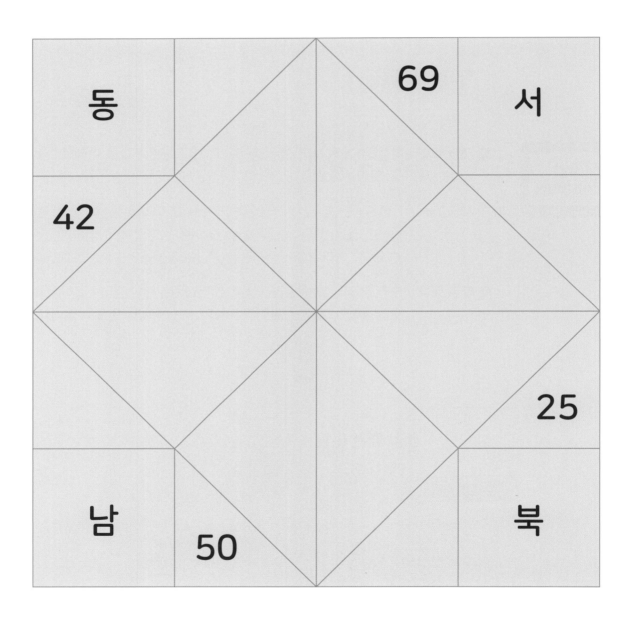

기록판

	이름	첫 번째 수	두 번째 수	곱	이긴 사람
(예) 곱이 큰 사람이 승리	민수	42	25	1050	
	경민	69	50	3450	○
1회 곱이 큰 사람이 승리					
2회 곱이 작은 사람이 승리					
3회 곱이 큰 사람이 승리					
4회 곱이 작은 사람이 승리					
5회 곱이 큰 사람이 승리					
6회 곱이 작은 사람이 승리					

활동 1 계산 결과를 찾아 ○표 하세요.

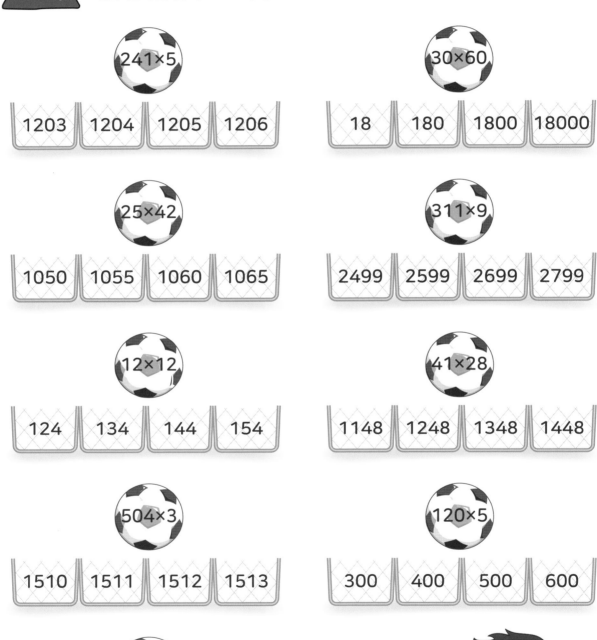

241×5

| 1203 | 1204 | 1205 | 1206 |

30×60

| 18 | 180 | 1800 | 18000 |

25×42

| 1050 | 1055 | 1060 | 1065 |

311×9

| 2499 | 2599 | 2699 | 2799 |

12×12

| 124 | 134 | 144 | 154 |

41×28

| 1148 | 1248 | 1348 | 1448 |

504×3

| 1510 | 1511 | 1512 | 1513 |

120×5

| 300 | 400 | 500 | 600 |

98×11

| 1068 | 1078 | 1088 | 1098 |

활동 2 생쥐가 계산 결과가 있는 곳을 지나 치즈가 있는 곳으로 가려고 합니다. ☐ 안에 알맞은 수를 써넣고, 생쥐가 어느 길로 가야 하는지 표시해 보세요.

$6 \times 22 =$ ☐ $71 \times 14 =$ ☐ $9 \times 51 =$ ☐ $60 \times 23 =$ ☐

$15 \times 48 =$ ☐ $30 \times 40 =$ ☐ $55 \times 11 =$ ☐ $59 \times 12 =$ ☐

$86 \times 70 =$ ☐ $58 \times 46 =$ ☐ $67 \times 16 =$ ☐ $27 \times 32 =$ ☐

$212 \times 2 =$ ☐ $332 \times 3 =$ ☐ $241 \times 7 =$ ☐ $148 \times 3 =$ ☐

404	1472	1572	1662	132	1682
414	984	986	926	605	606
424	994	996	444	1687	1394
708	995	997	936	1787	702
864	1072	1380	6064	6154	6144
964	1062	1200	2880	2790	1890
974	1052	459	6020	2658	2648
602	650	5048	2668	6010	2768
368	289	5047	720	6000	730

나눗셈하여 조각을 맞춰라

모양 조각에 적힌 나눗셈과 몫을 연결하여 처음의 모양을 먼저 완성하는 팀이
이기는 놀이

**수업
나침반**

학습 목표	나머지가 없는 (두 자리 수)÷(한 자리 수), (세 자리 수)÷(한 자리 수)를 이용하여 놀이를 할 수 있습니다.
핵심 역량	☑ 문제 해결　　☑ 추론　　☐ 창의·융합 ☑ 의사소통　　☐ 정보 처리　　☑ 태도 및 실천
인원	4명이 1모둠(2명이 1팀으로 팀전)
준비물	모양 판 1 , 모양 판 2

**놀이
방법**

① 두 팀으로 나누어 모양 판 1 과 모양 판 2 를 한 팀당 하나씩 고릅니다.

② 고른 모양 판 1 과 모양 판 2 를 각각 선을 따라 자른 후 상대 팀에게 줍니다.

③ 시작과 동시에 상대 팀에게 받은 모양 조각에 적힌 나눗셈을 계산한 후 몫이 적
힌 모양 조각을 찾아 나눗셈이 적힌 부분과 몫이 적힌 부분이 서로 맞닿게 이어
놓습니다.

④ 모양 판 1 또는 모양 판 2 의 자르기 전 모양을 먼저 완성한 팀이 이깁니다.

영상으로 놀이 방법을 쉽게 확인할 수 있어요~

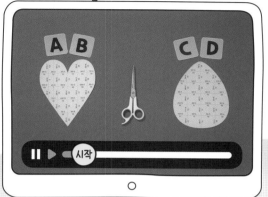

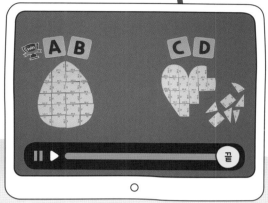

수업 내비게이션

📍 **개념 확인** 나머지가 없는 (두 자리 수)÷(한 자리 수), (세 자리 수)÷(한 자리 수)의 계산 원리를 이해하고 계산할 수 있는지 확인해 봅니다.

📍 **지도 Tip** 어림하기를 통해 모양을 완성한 경우에는 어림한 값과 실제 계산한 값을 비교해 보는 기회를 제공하고 이를 통해 어림의 유용성을 인식할 수 있도록 지도합니다.

📍 **놀이 전략** 나눗셈의 몫을 어림하여 이어질 모양 조각을 찾으면 모양판1 또는 모양판2를 빨리 완성하는 데 유리하다는 것을 알도록 합니다.

이럴 때는 이렇게 지도하세요!

수준별 지도

"너무 어려워요"라고 할 때는 이렇게!
한 팀의 인원을 늘려서 놀이를 진행할 수 있습니다.

"너무 쉬워요"라고 할 때는 이렇게!
정해진 시간 동안 모양 조각을 더 많이 이어 놓은 팀이 이기는 놀이로 진행할 수 있습니다.

온라인 수업 지도

학급 전체 학생들이 각자 원하는 모양 판을 골라 자른 후 자르기 전 모양을 완성하는 놀이로 진행할 수 있습니다.

놀이 자료

놀이 방법

모양 판 1

910÷7	130	50÷2	25	90÷3	30	90÷6	15

30÷3	36÷3	45÷3	68÷4	48÷2	72÷4
10	12	15	17	24	18

40÷8	5	60÷5	12	52÷4	13	54÷3	18	80÷4	20

630÷6	42÷6	99÷9	92÷2	560÷7	90÷3
105	7	11	46	80	30

28÷2	14	96÷3	32	88÷4	22	54÷2	27	96÷4	24

70÷7	432÷6	69÷3	44÷2
10	72	23	22

70÷5	14	64÷4	16	95÷5	19

78÷3	96÷6
26	16

87÷3	29

모양 판 2

	78÷3		26
87÷3		96÷6	
	29		16

64÷4	16	44÷4	11	76÷4	19
70÷5	54÷2		360÷4		270÷9
14	27		90		30

88÷4	22	104÷4	26	76÷4	19
28÷2	96÷3		60÷5		48÷2
14	32		12		24

90÷9	10	90÷3	30	40÷8	5
252÷6	48÷6		312÷6		92÷2
42	8		52		46

117÷9	13	36÷3	12	45÷3	15
155÷5	52÷4		54÷3		80÷4
31	13		18		20

68÷4	17	98÷7	14	72÷4	18

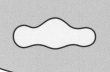

2단원

보물 상자를 차지하라

주사위를 던져 나온 눈의 수가 나눗셈의 나머지와 같은 보물 상자를
가장 많이 차지하는 사람이 이기는 놀이

수업 나침반

학습 목표	나머지가 있는 (두 자리 수)÷(한 자리 수), (세 자리 수)÷(한 자리 수)를 이용하여 놀이를 할 수 있습니다.
핵심 역량	☑문제 해결　☐추론　☐창의·융합 ☑의사소통　☐정보 처리　☑태도 및 실천
인원	4~6명이 1모둠(개인전)
준비물	놀이판, 말, 주사위

놀이 방법

① 보물 상자 24개가 모두 보이도록 책상 위에 놀이판을 펼쳐 놓습니다.

② 각자 보물 상자를 하나씩 골라 그 위에 자신의 말을 올려놓습니다.

　참고 말은 가지고 있는 물건 중에서 정하여 사용합니다.

③ 각자 자신의 말이 놓인 보물 상자의 나눗셈을 계산하여 나머지를 구하고, 대표로
한 명이 주사위를 던집니다.

④ 주사위를 던져 나온 눈의 수가 나눗셈의 나머지이면 보물 상자에 자신의 이름을
씁니다.

⑤ 정해진 시간 동안 ②~④를 반복합니다.

　주의 다른 사람의 이름이 적힌 보물 상자에 말을 올려놓아도 됩니다. 이때 주사위를 던져 나온 눈의 수
와 자신의 말이 놓인 나눗셈의 나머지가 같으면 다른 사람의 이름을 지우고 자신의 이름을 씁니다.

⑥ 보물 상자에 이름을 가장 많이 적은 사람이 이깁니다.

영상으로 놀이 방법을 쉽게 확인할 수 있어요~

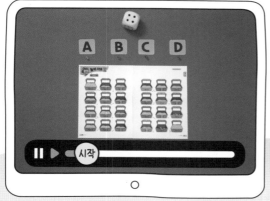

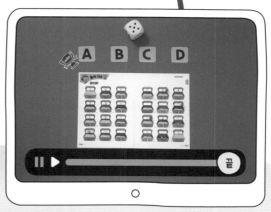

수업 내비게이션

📍 **개념 확인** 나머지가 있는 (두 자리 수)÷(한 자리 수), (세 자리 수)÷(한 자리 수)의 계산 원리를 이해하고 계산할 수 있는지 확인해 봅니다.

📍 **지도 Tip** 나눗셈의 계산을 어려워하는 학생들이 있는 경우 다른 학생들이 도우미가 되어 도와줄 수 있도록 지도합니다.

📍 **놀이 전략** 나눗셈의 나머지는 나누는 수보다 항상 작음을 알도록 합니다.

이럴 때는 이렇게 지도하세요!

수준별 지도

"너무 어려워요"라고 할 때는 이렇게!
보물 상자 24개를 모두 사용하지 않고 12개만 사용하여 놀이를 진행할 수 있습니다.

"너무 쉬워요"라고 할 때는 이렇게!
자신의 이름이 적힌 보물 상자의 나눗셈의 나머지를 모두 더하여 그 합이 가장 큰 사람이 이기는 놀이로 진행할 수 있습니다.

온라인 수업 지도

학생들은 각자 자신의 말이 놓인 놀이판을, 교사는 주사위를 던져 나온 눈의 수를 각각 화면에 보여 주며 놀이를 진행할 수 있습니다.

놀이 자료

놀이 방법

놀이판

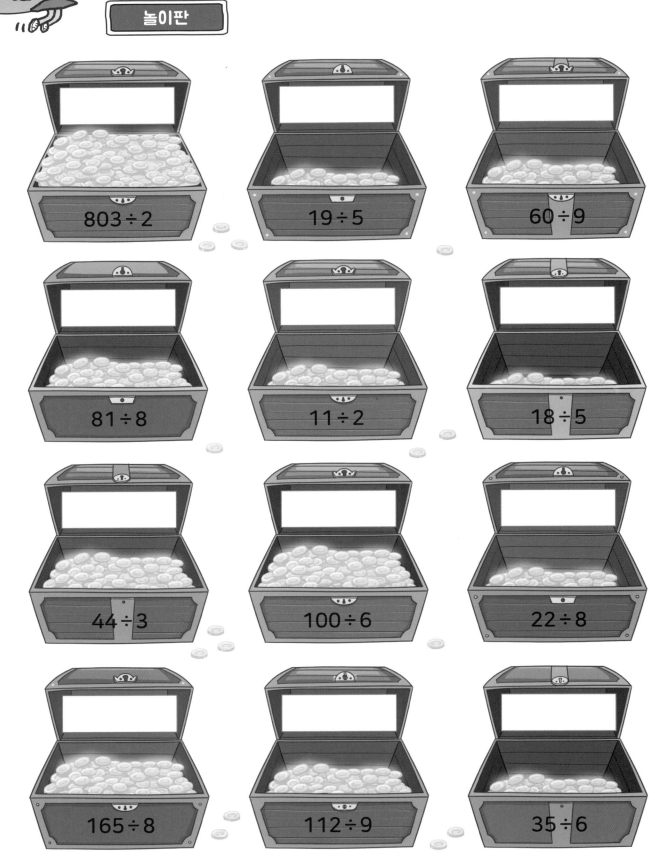

803÷2

19÷5

60÷9

81÷8

11÷2

18÷5

44÷3

100÷6

22÷8

165÷8

112÷9

35÷6

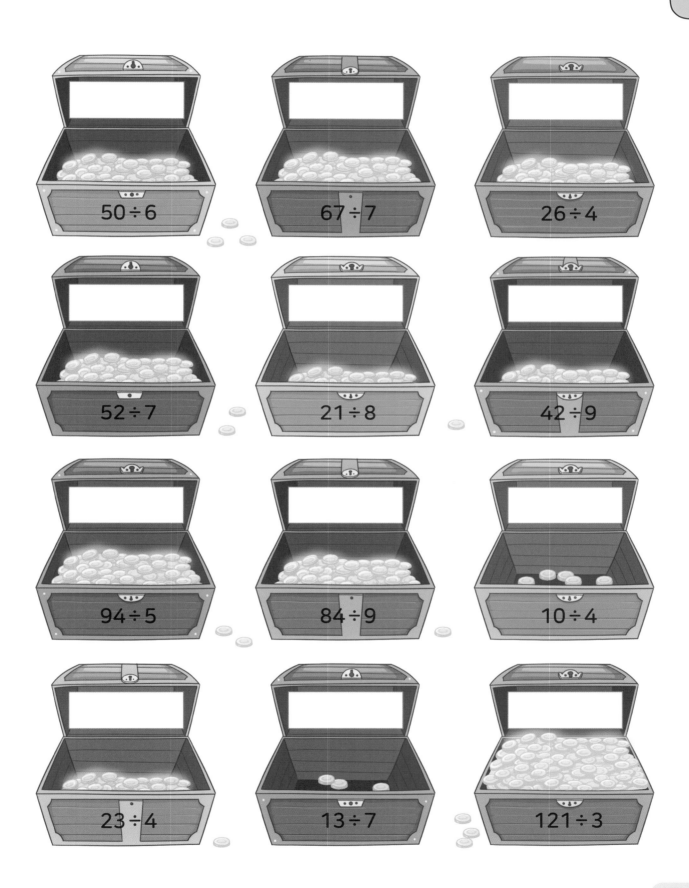

50 ÷ 6

67 ÷ 7

26 ÷ 4

52 ÷ 7

21 ÷ 8

42 ÷ 9

94 ÷ 5

84 ÷ 9

10 ÷ 4

23 ÷ 4

13 ÷ 7

121 ÷ 3

정답 257쪽

_____ 학년 _____ 반 _____ 번

이름 _____

활동 1 나눗셈의 몫을 구하여 몫에 알맞은 색으로 식을 칠해 보세요.

| 6: 빨간색 | 9: 파란색 | 12: 노란색 | 15: 초록색 | 20: 주황색 | 23: 보라색 |

45÷3

180÷9

72÷6

60÷3

54÷9

161÷7

46÷2

48÷4

72÷8

36÷6

115÷5

80÷4

48÷8

120÷8

18÷2

60÷5

90÷6

활동 2 나눗셈의 나머지를 따라 헤엄쳐 친구를 만나려고 합니다. 어느 길로 가야 하는지 선을 그어 보세요.

출발

75÷9	4	47÷6	4	135÷5	3	34÷8
3		2		4		4
91÷3	1	543÷4	3	621÷8	7	71÷9
2		1		5		6
64÷5	4	83÷7	4	100÷6	5	304÷7
2		6		1		4
84÷4	1	64÷5	4	296÷6	2

수수께끼를 맞혀라

원의 지름을 재어 수수께끼 문장을 완성한 다음 수수께끼를 먼저 알아맞히는 팀이 이기는 놀이

수업 나침반

학습 목표	원의 지름을 이해하는 놀이를 할 수 있습니다.
핵심 역량	☑ 문제 해결 ☑ 추론 ☐ 창의·융합 ☑ 의사소통 ☐ 정보 처리 ☑ 태도 및 실천
인원	4~8명이 1모둠(2~4명이 1팀으로 팀전)
준비물	놀이판 , 글자 표 , 수수께끼 표 , 자

놀이 방법

① 두 팀으로 나누어 한 팀당 놀이판 , 글자 표 , 수수께끼 표 를 하나씩 가집니다.

② 시작과 동시에 각 팀별로 놀이판 에 그려진 원의 지름을 자로 잽니다.

③ 지름의 길이에 해당하는 글자를 글자 표 에서 찾습니다.

④ 수수께끼 표 의 빈칸에 ③에서 찾은 글자를 '원 기호'에 맞게 써넣습니다.

⑤ ②~④를 반복하여 수수께끼 문장을 완성합니다.

⑥ 수수께끼를 먼저 알아맞히는 팀이 이깁니다.

(참고) 수수께끼의 답은 '은행나무'입니다.

영상으로 놀이 방법을 쉽게 확인할 수 있어요~

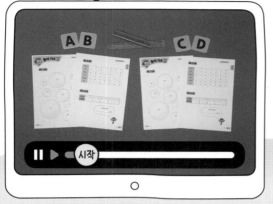

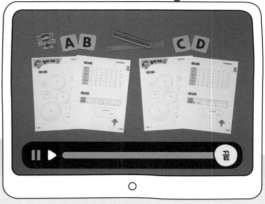

수업
내비게이션

📍 **개념 확인** 학생들이 원의 지름의 의미를 이해하고 있는지 확인해 봅니다.

📍 **지도 Tip** 원의 지름을 잴 때는 자로 원의 중심을 지나는 선분을 그으면서 재 도록 지도합니다.

📍 **놀이 전략** 놀이를 시작하기 전에 팀원끼리 지름을 재는 사람과 글자표 에서 글 자를 찾는 사람 등으로 역할을 나누면 유리하다는 것을 알도록 합 니다.

이럴 때는 이렇게 지도하세요!

수준별 지도

"너무 어려워요"라고 할 때는 이렇게!
놀이판의 원에 지름을 먼저 그은 다음 놀이를 진 행할 수 있습니다.

"너무 쉬워요"라고 할 때는 이렇게!
개인별로 대결하는 놀이로 바꾸어 수수께끼를 먼 저 알아맞히는 사람이 이기는 놀이로 진행할 수 있습니다.

온라인 수업 지도

각자 학생들이 원의 지름을 재고, 수수께끼를 가 장 먼저 알아맞히는 사람이 자신의 이름을 외치는 놀이로 진행할 수 있습니다.

놀이 자료

놀이판

(ㅇ)

(ㅂ)

(ㄷ)

(ㅁ)

(ㅅ)

(ㅈ)

(ㄴ)

(ㄱ)

(ㄹ)

글자 표

지름(cm)	1	1.4	2.1	2.3	2.6	2.9	3.2
글자	너	화	무	작	은	거	많
지름(cm)	3.5	3.9	4.2	4.5	4.7	5	5.3
글자	나	자	장	적	이	금	수
지름(cm)	5.5	5.8	6.1	6.4	6.9	7.4	7.9
글자	는	식	밤	가	낮	물	돈

수수께끼 표

원 기호	(ㄱ)	(ㄴ)	(ㄷ)	(ㄹ)	(ㅁ)	(ㅂ)	(ㅅ)	(ㅇ)	(ㅈ)
수수께끼									

수수께끼의 답은

_____ 입니다.

멀찍멀찍 그려라

겹치지 않는 원의 개수가 더 많은 사람이 이기는 놀이

수업 나침반

학습 목표	컴퍼스를 사용하여 원을 그리는 놀이를 할 수 있습니다.
핵심 역량	☑ 문제 해결 ☐ 추론 ☐ 창의·융합 ☑ 의사소통 ☐ 정보 처리 ☑ 태도 및 실천
인원	2명이 1모둠(개인전)
준비물	놀이판 , 주사위, 컴퍼스, 자

놀이 방법

① 한 사람당 놀이판 을 하나씩 가집니다.

② 순서를 정하여 한 사람이 먼저 주사위를 던집니다.

③ 주사위를 던져 나온 눈의 수가 ■일 때, 놀이판 의 한 점을 원의 중심으로 하고 반지름이 ■ cm인 원을 컴퍼스를 사용하여 그립니다.

> 주의 그린 원 안에 원의 중심 이외의 다른 점이 있어도 되지만 그리는 원이 놀이판을 벗어나지 않도록 합니다.

④ 상대방도 ②, ③과 같이 합니다.

> 주의 원의 중심으로 사용한 점은 다시 원의 중심으로 사용할 수 없습니다.

⑤ 원을 각자 5개씩 그릴 때까지 놀이를 계속합니다.

⑥ 겹치지 않는 원의 개수가 더 많은 사람이 이깁니다.

영상으로 놀이 방법을 쉽게 확인할 수 있어요~

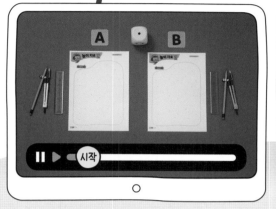 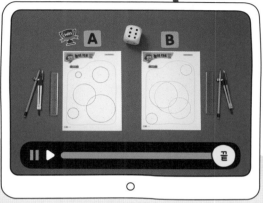

수업 내비게이션

📍 **개념 확인** 학생들이 컴퍼스를 바르게 사용하여 원을 그릴 수 있는지 확인해 봅니다.

📍 **지도 Tip** 컴퍼스의 침이 뾰족하므로 안전하게 사용할 수 있도록 지도합니다.

📍 **놀이 전략** 원을 놀이판 의 가장자리에 먼저 그리도록 합니다.

이럴 때는 이렇게 지도하세요!

수준별 지도

"너무 어려워요"라고 할 때는 이렇게!
놀이판의 점의 수를 줄여서 놀이를 진행할 수 있습니다.

"너무 쉬워요"라고 할 때는 이렇게!
원을 각자 7개씩 그리는 놀이로 진행할 수 있습니다.

온라인 수업 지도

교사가 주사위를 던져 나온 눈의 수를 화면에 보여 주면 학생들은 자신의 놀이판에 원을 그립니다. 같은 방법으로 원을 여러 개 그린 후 겹치지 않는 원의 개수가 더 많은 사람이 이기는 놀이로 진행할 수 있습니다.

놀이 자료

놀이 방법

놀이판

활동 1 컴퍼스를 사용하여 주어진 점을 원의 중심으로 하는 반지름이 2 cm인 원을 그리고, 원끼리 겹쳐진 부분을 색칠해 보세요.

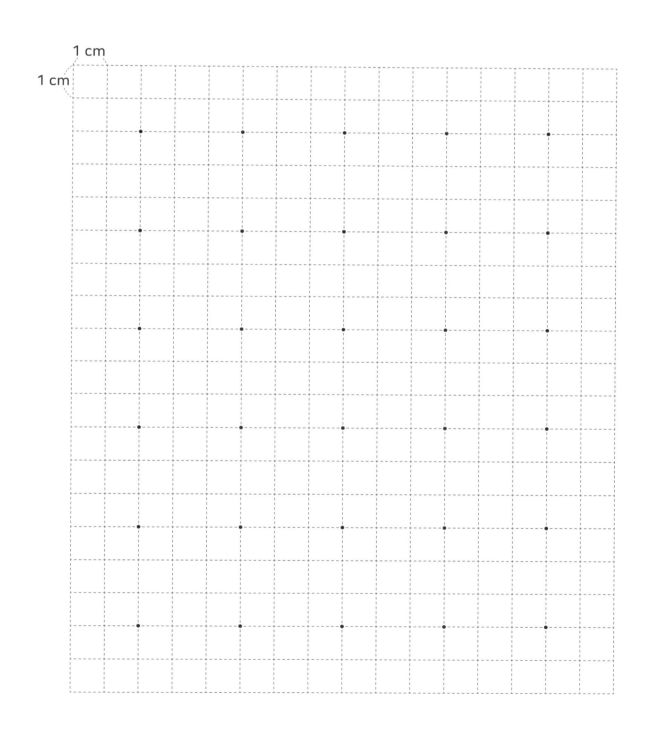

분수만큼 땅따먹기

카드에 적힌 분수만큼 땅을 색칠하여 더 많은 땅을 색칠하는 사람이 이기는 놀이

수업 나침반

학습 목표	전체에 대한 분수만큼이 얼마인지를 알 수 있는 놀이를 할 수 있습니다.

핵심 역량	☑ 문제 해결　　☐ 추론　　☐ 창의·융합 ☑ 의사소통　　☐ 정보 처리　　☑ 태도 및 실천

인원	2명이 1모둠(개인전)

준비물	놀이판 , 분수 카드 , 색이 다른 색연필 2자루

놀이 방법

① 분수 카드 더미를 뒷면이 보이게 책상 위에 놓고, 자신의 색연필을 고릅니다.

② 순서를 정하여 한 사람이 먼저 분수 카드 한 장을 앞면이 보이게 뒤집습니다.

③ 뒤집은 분수 카드 에 적힌 분수만큼 놀이판 에 색칠하려면 몇 칸을 색칠하면 되는지 말합니다.

> 예 $\frac{2}{40}$ 가 적힌 분수 카드를 뒤집는 경우 놀이판에서 전체 40칸의 $\frac{2}{40}$ 만큼인 2칸을 색칠하면 되므로 "2칸을 색칠해."라고 말합니다.

④ 바르게 말했으면 자신의 색연필로 놀이판 에 말한 만큼 색칠하고, 틀리게 말했으면 상대방에게 기회가 넘어갑니다.

⑤ 놀이판 에 색칠할 칸이 없거나 뒤집을 분수 카드 가 없을 때까지 번갈아 가며 놀이를 계속합니다.

⑥ 색칠한 칸 수가 더 많은 사람이 이깁니다.

영상으로 놀이 방법을 쉽게 확인할 수 있어요~

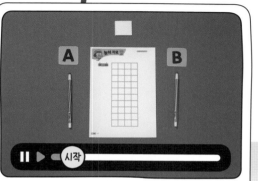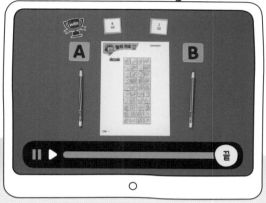

수업 내비게이션

◉ **개념 확인** 다양한 구체물을 활용하여 학생들이 전체에 대한 분수만큼의 개념을 알고 있는지 확인해 봅니다.

◉ **지도 Tip** 전체에 대한 분수만큼은 전체를 묶는 방법에 따라 한 묶음의 수가 달라질 수 있음에 유의하도록 합니다.

◉ **놀이 전략** 분수 카드 의 분모를 확인하고 전체를 몇씩 묶으면 되는지 먼저 알아보도록 합니다.

이럴 때는 이렇게 지도하세요!

수준별 지도

"너무 어려워요"라고 할 때는 이렇게!
분모가 40인 분수 카드만 사용하여 놀이를 진행할 수 있습니다.

"너무 쉬워요"라고 할 때는 이렇게!
분수 카드의 분모를 2, 4, 5 등으로 다양하게 바꾸어 놀이를 진행할 수 있습니다.

온라인 수업 지도

전체 학생을 두 팀으로 나누어 팀끼리의 대결로 놀이를 진행할 수 있습니다. 교사가 놀이판을 화면에 제시하고 분수 카드 한 장을 보여 주면 학생들이 주석 기능을 이용하여 직접 놀이판에 색칠할 수 있도록 합니다. 이때 팀별로 학생들이 돌아가며 놀이에 적극적으로 참여할 수 있도록 합니다.

분수 카드

$\dfrac{1}{40}$	$\dfrac{2}{40}$	$\dfrac{3}{40}$
$\dfrac{5}{40}$	$\dfrac{6}{40}$	$\dfrac{8}{40}$
$\dfrac{1}{20}$	$\dfrac{2}{20}$	$\dfrac{3}{20}$
$\dfrac{1}{10}$	$\dfrac{2}{10}$	$\dfrac{3}{10}$

4단원

분수의 크기 겨루기

카드에 적힌 분수의 크기를 비교하여 카드를 더 많이 모으는 사람이 이기는 놀이

**수업
나침반**

학습 목표	분모가 같은 분수의 크기를 비교하는 놀이를 할 수 있습니다.
핵심 역량	☑문제 해결　☑추론　☐창의·융합 ☑의사소통　☐정보 처리　☑태도 및 실천
인원	2명이 1모둠(개인전)
준비물	〔분수 카드〕

**놀이
방법**

① 〔분수 카드〕를 잘 섞은 후 한 사람당 4장씩 가집니다.

② 남은 〔분수 카드〕 더미는 책상 위에 뒷면이 보이게 놓습니다.

③ 카드 더미에서 카드를 한 장씩 가져온 후 두 사람이 동시에 카드를 한 장씩 앞면이 보이게 내려놓습니다.

④ 더 큰 분수가 적힌 카드를 내려놓은 사람이 내려놓은 카드를 모두 가져갑니다.

　(참고) 가져온 카드는 자신의 앞에 쌓아 놓습니다.

⑤ 다시 한번 ③과 같이 하고, 이번에는 더 작은 분수가 적힌 카드를 내려놓은 사람이 내려놓은 카드를 모두 가져갑니다.

⑥ 더 이상 내려놓을 카드가 없을 때까지 ③～⑤를 반복하며 놀이를 계속합니다.

　(참고) 카드 더미에서 가져올 카드가 없으면 손에 들고 있는 카드를 한 장씩 내려놓습니다.

⑦ 카드를 더 많이 가져간 사람이 이깁니다.

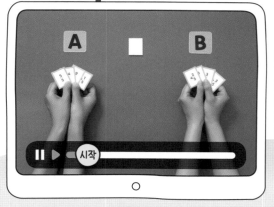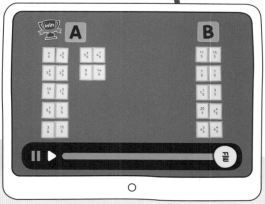

영상으로 놀이 방법을 쉽게 확인할 수 있어요~

수업 내비게이션

📍 **개념 확인** 학생들이 분모가 같은 분수의 크기를 비교할 수 있는지 확인해 봅니다.

📍 **지도 Tip** 학생들이 진분수, 가분수, 대분수의 크기를 비교하는 여러 가지 방법에 대해 생각을 나누고 크기를 비교해 보도록 지도합니다.

📍 **놀이 전략** 더 큰(작은) 분수가 적힌 카드를 내려놓은 사람이 카드를 가져오는 순서에서는 자신의 카드 중에서 가장 큰(작은) 분수가 적힌 카드를 내려놓는 것이 유리함을 알도록 합니다.

이럴 때는 이렇게 지도하세요!

수준별 지도

"너무 어려워요"라고 할 때는 이렇게!
더 큰 분수가 적힌 카드를 내려놓은 사람만 카드를 가져가는 놀이로 진행할 수 있습니다.

"너무 쉬워요"라고 할 때는 이렇게!
3~4명이 하는 놀이로 바꾸어 여러 분수의 크기를 비교하는 놀이로 진행할 수 있습니다.

온라인 수업 지도

교사가 분수 카드 한 장을 화면에 보여 주면 학생들은 교사가 보여 준 카드의 분수보다 큰(작은) 분수가 적힌 카드를 화면에 보여 주면서 놀이를 진행할 수 있습니다.

놀이 방법

분수 카드

$\dfrac{1}{5}$	$\dfrac{2}{5}$	$\dfrac{3}{5}$
$\dfrac{4}{5}$	$\dfrac{5}{5}$	$\dfrac{7}{5}$
$\dfrac{9}{5}$	$\dfrac{10}{5}$	$\dfrac{11}{5}$
$\dfrac{12}{5}$	$\dfrac{14}{5}$	$\dfrac{15}{5}$

놀이 방법

$\dfrac{20}{5}$

$1\dfrac{1}{5}$

$1\dfrac{3}{5}$

$2\dfrac{3}{5}$

$3\dfrac{1}{5}$

$3\dfrac{2}{5}$

$3\dfrac{3}{5}$

$3\dfrac{4}{5}$

$4\dfrac{1}{5}$

$4\dfrac{2}{5}$

$4\dfrac{3}{5}$

$4\dfrac{4}{5}$

활동 1 나타내는 수가 다른 하나를 찾아 X표 하세요. (단, 그림이 나타내는 수는 색칠한 부분이 나타내는 수로 생각합니다.)

$1\frac{1}{2}$

$\frac{2}{3}$

2분의 3

$\frac{1}{4}$이 5개인 수

$\frac{5}{4}$

$1\frac{1}{4}$

5분의 4

$1\frac{2}{5}$

$\frac{1}{5}$이 7개인 수

1과 $\frac{7}{5}$

$\frac{7}{5}$

5분의 7

$\frac{7}{3}$

$2\frac{1}{3}$

2와 $\frac{1}{3}$

$\frac{1}{3}$이 7개인 수

3분의 7

활동2 성의 아래층에서부터 위층으로 올라가면서 사다리에 적힌 글을 읽고 빈칸에 알맞은 수를 써넣으세요.

더 큰 분수 고르기

더 작은 분수 고르기

가분수로 나타내기　　가분수로 나타내기　　대분수로 나타내기

대분수 고르기　　대분수 고르기　　가분수 고르기

$\dfrac{26}{5}$　$2\dfrac{7}{8}$　$\dfrac{13}{16}$　$3\dfrac{1}{8}$　$\dfrac{6}{7}$　$\dfrac{15}{4}$　$\dfrac{8}{11}$　$\dfrac{27}{8}$　$3\dfrac{4}{9}$

5단원

무게를 모아 모아

연결큐브를 모아서 1 kg을 더 많이 만드는 사람이 이기는 놀이

수업 나침반

학습 목표	1 kg과 1 g 사이의 관계를 이용하여 놀이를 할 수 있습니다.
핵심 역량	☑문제 해결　☐추론　☐창의·융합 ☑의사소통　☐정보 처리　☑태도 및 실천
인원	2명이 1모둠(개인전)
준비물	무게 말판 , 1 kg 카드 , 말, 연결큐브(100개 1세트), 주사위

놀이 방법

① 가위바위보를 하여 순서를 정한 뒤 말을 1개씩 나누어 가집니다.

② 각자 말을 무게 말판 의 '출발'에 둡니다.

③ 정한 순서대로 주사위를 던져 나온 눈의 수만큼 말을 움직입니다.

　주의 2개의 말이 같은 곳에 놓일 수도 있습니다.

④ 연결큐브 1개의 무게를 100 g으로 약속하고, 말이 도착한 곳에 있는 무게만큼 연결큐브를 연결합니다.

　예 말이 도착한 곳에 '200 g'이 적혀 있으면 연결큐브 2개를 연결합니다.

⑤ 연결큐브가 10개 모이면 연결큐브 10개를 1 kg 카드 한 장과 바꿉니다.

⑥ 말이 무게 말판 의 '도착'에 먼저 도착한 사람에게 1 kg 카드 를 한 장 주고 놀이를 끝냅니다.

⑦ 1 kg 카드 를 더 많이 가져간 사람이 이깁니다.

　참고 1 kg 카드의 장수가 같은 경우 연결큐브를 더 많이 가져간 사람이 이깁니다.

영상으로 놀이 방법을 쉽게 확인할 수 있어요~

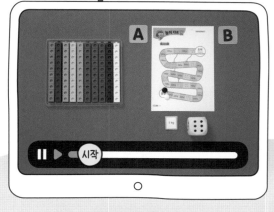 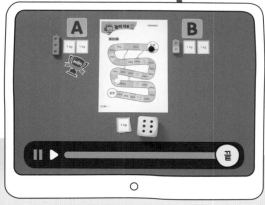

수업 내비게이션

📍 **개념 확인** 학생들이 1 kg과 1 g 사이의 관계를 알고 있는지 확인해 봅니다.

📍 **지도 Tip** 1 kg=1000 g이므로 연결큐브 1개의 무게가 100 g일 때 연결큐브 10개를 1 kg 카드 한 장과 바꿀 수 있음을 알 수 있도록 지도합니다.

📍 **놀이 전략** 무게 말판 에서 무거운 무게가 쓰여진 칸에 말이 도착해야 연결큐브 를 많이 모을 수 있음을 알도록 합니다.

이럴 때는 이렇게 지도하세요!

수준별 지도

"너무 어려워요"라고 할 때는 이렇게!
2명이 한 팀이 되어 놀이를 진행할 수 있습니다.

"너무 쉬워요"라고 할 때는 이렇게!
• 무게 말판에 쓰여진 무게를 몇 g이 아닌 몇 kg 몇 g으로 바꾸어 놀이를 진행할 수 있습니다.
• 무게 말판에서 g 단위를 kg 단위로, 1 kg 카드에서 kg 단위를 t 단위로 바꾸어 1 kg과 1 t 사이의 관계를 이용하는 놀이를 진행할 수 있습니다.

온라인 수업 지도

학급 전체 학생이 한 팀이 되어 교사와 대결하는 놀이를 진행할 수 있습니다. 교사가 화면에서 무게 말판을 보여 주고 학생들이 순서를 정하여 1부터 6까지의 수가 적힌 온라인 룰렛에서 나온 수만큼 말을 움직입니다.

놀이 자료

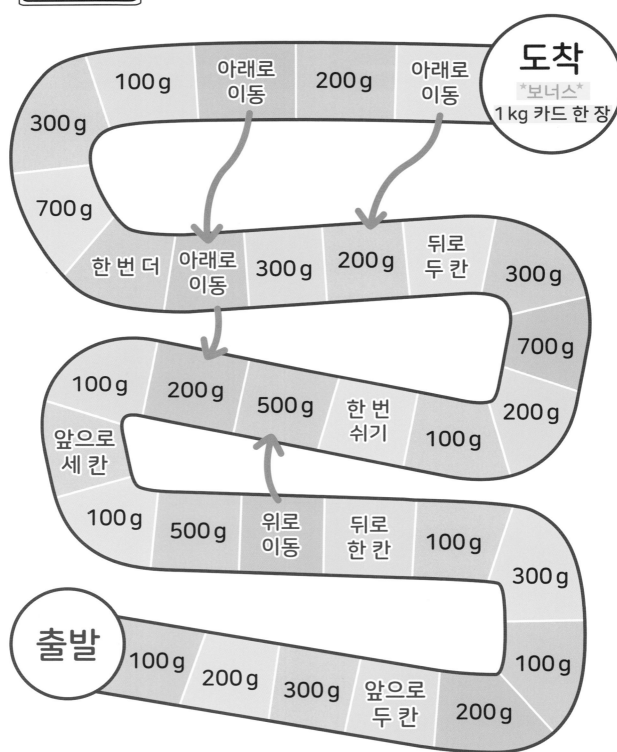

놀이 방법

1모둠에 1장씩 필요합니다.

무게 말판

도착
보너스
1 kg 카드 한 장

100 g
아래로 이동
200 g
아래로 이동

300 g

700 g

한 번 더
아래로 이동
300 g
200 g
뒤로 두 칸
300 g

700 g

100 g
200 g
500 g
한 번 쉬기
200 g

100 g

앞으로 세 칸

100 g
500 g
위로 이동
뒤로 한 칸
100 g

300 g

출발
100 g
200 g
300 g
앞으로 두 칸
200 g
100 g

1 kg 카드

1 kg	1 kg	1 kg	1 kg
1 kg	1 kg	1 kg	1 kg
1 kg	1 kg	1 kg	1 kg
1 kg	1 kg	1 kg	1 kg
1 kg	1 kg	1 kg	1 kg

들이 빙고의 최고는 나

들이가 많거나 적은 순서대로 들이 카드를 놓아 3칸씩 5줄 빙고를
가장 먼저 완성하는 사람이 이기는 놀이

수업 나침반

학습 목표	1 L와 1 mL 사이의 관계를 이용하여 들이를 비교하는 놀이를 할 수 있습니다.
핵심 역량	☑ 문제 해결 ☐ 추론 ☐ 창의·융합 ☑ 의사소통 ☐ 정보 처리 ☑ 태도 및 실천
인원	3~4명이 1모둠(개인전)
준비물	들이 카드 , 빙고 판 , 기록판

놀이 방법

① 들이 카드 더미를 뒷면이 보이게 놓습니다.

② 순서를 정하고 첫 번째 사람부터 들이 카드 더미에서 카드 한 장을 뽑아 빙고 판 의 원하는 칸에 앞면이 보이도록 놓습니다.

참고 들이 카드를 뽑을 때는 들이 카드 더미에서 맨 위에 있는 카드부터 가져갑니다.

③ 들이 카드 를 놓을 때는 빈칸이 있으면 빈칸에 놓고, 빈칸이 없으면 이미 놓여진 들이 카드 위에 놓습니다.

④ 빙고 판 에서 가로, 세로, ╱, ╲, ╱, ╲ 방향으로 들이가 많아지거나 적어지도록 들이 카드 를 놓습니다.

⑤ 들이가 많아지거나 적어지는 순서대로 들이 카드 가 3칸씩 한 줄로 놓일 때마다 기록판 에 / 표시를 합니다.

⑥ 〜〜〜 표시가 되어 3칸씩 5줄이 완성되면 "빙고"를 외치고 가장 먼저 "빙고"를 외친 사람이 이깁니다.

영상으로 놀이 방법을 쉽게 확인할 수 있어요~

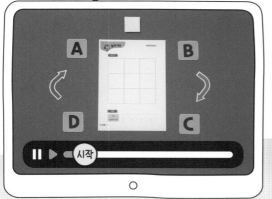

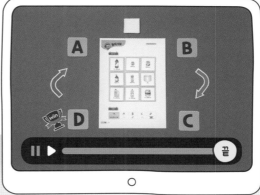

수업 내비게이션

📍 **개념 확인**
- 학생들이 1 L와 1 mL 사이의 관계를 알고 있는지 확인해 봅니다.
- 학생들이 들이의 많고 적음을 비교할 수 있는지 확인해 봅니다.

📍 **지도 Tip**
- 1 L=1000 mL임을 알고 들이를 비교할 수 있도록 지도합니다.
- ■ L ● mL는 ■ L보다 ● mL 더 많은 들이임을 알고 놀이를 진행할 수 있도록 지도합니다.

📍 **놀이 전략** [빙고 판]의 가운데 칸에 가장 많은 들이가 적힌 [들이 카드]나 가장 적은 들이가 적힌 [들이 카드]를 놓으면 빙고를 완성하기 어렵다는 것을 알도록 합니다.

이럴 때는 이렇게 지도하세요!

수준별 지도

"너무 어려워요"라고 할 때는 이렇게!
■ L ● mL가 쓰여진 들이 카드를 빼고 ■ L 또는
● mL가 쓰여진 들이 카드만 사용하여 놀이를 진행할 수 있습니다.

"너무 쉬워요"라고 할 때는 이렇게!
빙고 판을 가로 4칸, 세로 4칸으로 바꾸어 4칸씩 5줄을 완성하는 빙고로 놀이를 진행할 수 있습니다.

온라인 수업 지도

학생들이 빙고 판과 들이 카드를 각자 준비합니다.
교사가 들이 카드를 한 장씩 선택해서 보여 주면
학생들은 해당하는 들이 카드를 자신의 빙고 판에
놓으면서 놀이를 진행할 수 있습니다.

놀이 자료

놀이 방법

틀이 카드

한 번 쉬기	400 mL	800 mL
한 번 쉬기	300 mL	700 mL
한 번 쉬기	200 mL	600 mL
한 번 쉬기	100 mL	500 mL

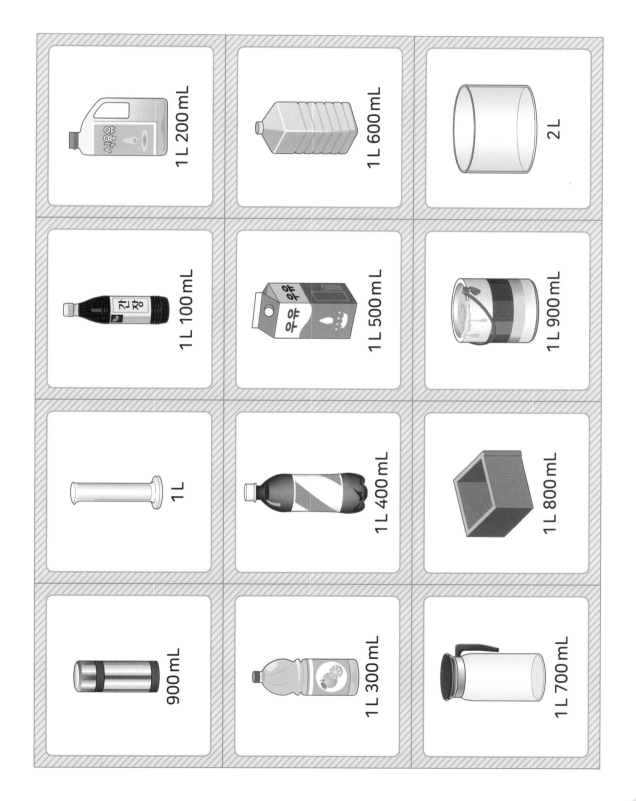

1 L 200 mL	1 L 600 mL	2 L
1 L 100 mL	1 L 500 mL	1 L 900 mL
1 L	1 L 400 mL	1 L 800 mL
900 mL	1 L 300 mL	1 L 700 mL

놀이 자료

1모둠에 1장씩 필요합니다.

빙고 판

기록판

이름				
완성한 줄의 수(줄)				

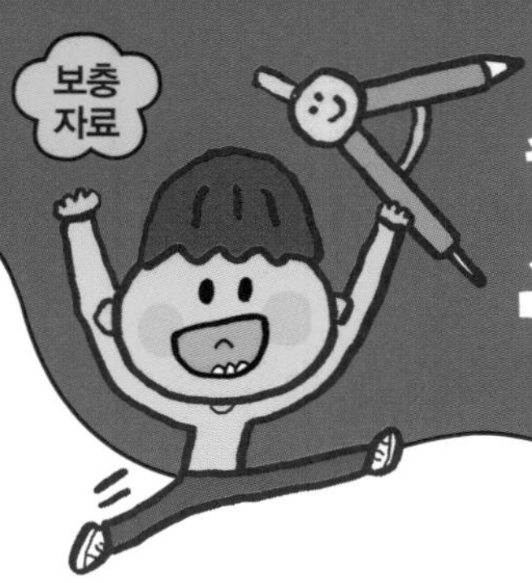

보충 자료

손으로 하는 수학 활동

정답 258쪽

_____ 학년 _____ 반 _____ 번

이름 ______________________

활동 1 □ 안에 알맞은 수나 말을 찾아 가로 세로 퍼즐을 채워 보세요.

가로

① 1 L는 1□□(이)라고 읽습니다.

② 2 L 50 mL=□□□□ mL

③ 축구공과 지우개 중에서 무게가 약 5 g인 것은 □□□입니다.

④ 5 L 300 mL+2 L 300 mL
=7 L □□□ mL

⑤ 6 L 850 mL-4 L 500 mL
=2 L □□□ mL

세로

❶ 4 t=□□□□ kg

❷ 5 kg 800 g=□□□□ g

❸ 바가지와 주사기 중에서 들이가 약 2 L인 것은 □□□입니다.

❹ 3 kg 100 g+6 kg 580 g
=9 kg □□□ g

❺ 9 kg 700 g-3 kg 400 g
=6 kg □□□ g

가로 세로 퍼즐

①			❶			②		❷	
	⑤❺						④❹		
				❸					
				③					

숨은 짝을 찾아줘

표와 그림그래프를 가장 많이 짝 짓는 사람이 이기는 놀이

수업
나침반

학습 목표	표를 보고 나타낼 수 있는 그림그래프를 찾아보며 놀이를 할 수 있습니다.
핵심 역량	☑문제 해결　☐추론　☐창의·융합 ☑의사소통　☑정보 처리　☑태도 및 실천
인원	2~4명이 1모둠(개인전)
준비물	표 카드 , 그림그래프 카드

놀이
방법

① 표 카드 와 그림그래프 카드 를 각각 3장씩 4줄로 뒷면이 보이게 놓습니다.

② 가위바위보를 하여 이긴 사람부터 표 카드 와 그림그래프 카드 를 한 장씩 뒤집습니다.

③ 뒤집은 표 카드 를 보고 나타낼 수 있는 그림그래프 카드 이면 카드 2장을 모두 가져가고, 나타낼 수 없는 그림그래프 카드 이면 카드 2장을 다시 제자리에 뒷면이 보이게 놓습니다.

④ 표 카드 와 그림그래프 카드 를 가장 많이 가져간 사람이 이깁니다.

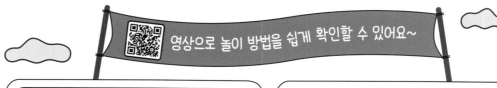

영상으로 놀이 방법을 쉽게 확인할 수 있어요~

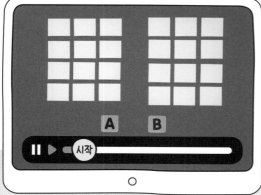

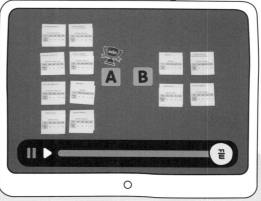

수업 내비게이션

📍 **개념 확인**
- 학생들이 표와 그림그래프에 나타난 여러 가지 사실을 이야기할 수 있는지 확인해 봅니다.
- 학생들이 표를 보고 그림그래프로 나타낼 수 있는지 확인해 봅니다.

📍 **지도 Tip**
표를 보고 나타낼 수 없는 그림그래프인 경우 카드를 제자리에 놓기 전에 표와 그림그래프를 비교하며 서로 다른 점을 이야기해 보도록 지도합니다.

📍 **놀이 전략**
뒤집은 표카드 와 그림그래프 카드 를 다시 제자리에 놓을 때 카드의 위치와 카드에서 알 수 있는 내용을 각각 기억하도록 합니다.

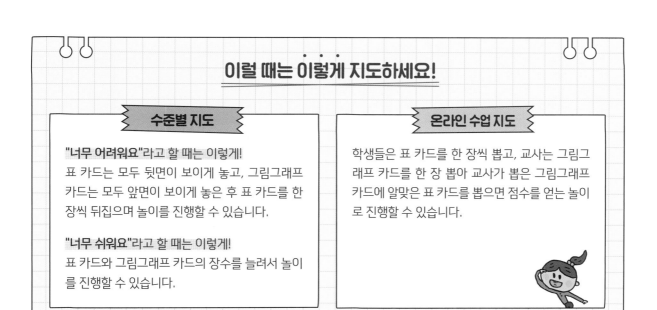

이럴 때는 이렇게 지도하세요!

수준별 지도

"너무 어려워요"라고 할 때는 이렇게!
표 카드는 모두 뒷면이 보이게 놓고, 그림그래프 카드는 모두 앞면이 보이게 놓은 후 표 카드를 한 장씩 뒤집으며 놀이를 진행할 수 있습니다.

"너무 쉬워요"라고 할 때는 이렇게!
표 카드와 그림그래프 카드의 장수를 늘려서 놀이를 진행할 수 있습니다.

온라인 수업 지도

학생들은 표 카드를 한 장씩 뽑고, 교사는 그림그래프 카드를 한 장 뽑아 교사가 뽑은 그림그래프 카드에 알맞은 표 카드를 뽑으면 점수를 얻는 놀이로 진행할 수 있습니다.

놀이 방법

표 카드

하루 동안 팔린 과수원별 사과의 수

과수원	햇살	달콤	새콤	합계
사과의 수 (상자)	71	52	33	156

하루 동안 팔린 과수원별 사과의 수

과수원	햇살	달콤	새콤	합계
사과의 수 (상자)	53	41	25	119

가장 좋아하는 과목별 학생 수

과목	국어	수학	체육	합계
학생 수 (명)	23	41	62	126

가장 좋아하는 과목별 학생 수

과목	국어	수학	체육	합계
학생 수 (명)	34	36	42	112

종류별 책의 수

책	만화책	위인전	동화책	합계
책의 수 (권)	42	33	51	126

종류별 책의 수

책	만화책	위인전	동화책	합계
책의 수 (권)	34	36	42	112

하루 동안 팔린 종류별 꽃의 수

꽃	장미	국화	튤립	합계
꽃의 수 (송이)	32	30	35	97

하루 동안 팔린 종류별 꽃의 수

꽃	장미	국화	튤립	합계
꽃의 수 (송이)	55	44	33	132

가장 좋아하는 간식별 학생 수

간식	피자	떡볶이	햄버거	합계
학생 수 (명)	70	41	23	134

가장 좋아하는 간식별 학생 수

간식	피자	떡볶이	햄버거	합계
학생 수 (명)	60	26	53	139

모둠별 모은 빈 병의 수

모둠	소망	믿음	사랑	합계
빈 병의 수 (병)	31	50	72	153

모둠별 모은 빈 병의 수

모둠	소망	믿음	사랑	합계
빈 병의 수 (병)	54	61	33	148

놀이 자료

그림그래프 카드

하루 동안 팔린 과수원별 사과의 수

과수원	사과의 수
햇살	🍎🍎🍎🍎🍎🍎🍎🍏
달콤	🍎🍎🍎🍎🍎🍏🍏
새콤	🍎🍎🍎🍏🍏🍏

🍎10상자
🍏1상자

하루 동안 팔린 과수원별 사과의 수

과수원	사과의 수
햇살	🍎🍎🍎🍎🍎🍏🍏🍏
달콤	🍎🍎🍎🍏
새콤	🍎🍏🍏🍏🍏🍏

🍎10상자
🍏1상자

가장 좋아하는 과목별 학생 수

과목	학생 수
국어	☺☺☺☺☺
수학	☺☺☺☺☺
체육	☺☺☺☺☺☺☺☺

☺10명
☺1명

가장 좋아하는 과목별 학생 수

과목	학생 수
국어	☺☺☺☺☺☺☺
수학	☺☺☺☺☺☺☺
체육	☺☺☺☺☺☺

☺10명
☺1명

종류별 책의 수

책	책의 수
만화책	📗📗📗📗📕📕
위인전	📗📗📗📕📕📕
동화책	📗📗📗📗📗📕

📗10권
📕1권

종류별 책의 수

책	책의 수
만화책	📗📗📗📕📕📕📕
위인전	📗📗📗📕📕📕📕📕📕
동화책	📗📗📗📗📕

📗10권
📕1권

하루 동안 팔린 종류별 꽃의 수

꽃	꽃의 수
장미	🌷🌷🌷🌷🌷
국화	🌷🌷🌷
튤립	🌷🌷🌷🌷🌷🌷🌷

🌷10송이
🌷1송이

하루 동안 팔린 종류별 꽃의 수

꽃	꽃의 수
장미	🌷🌷🌷🌷🌷🌷🌷🌷🌷🌷
국화	🌷🌷🌷🌷🌷🌷🌷
튤립	🌷🌷🌷🌷🌷

🌷10송이
🌷1송이

가장 좋아하는 간식별 학생 수

간식	학생 수
피자	☺☺☺☺☺☺☺
떡볶이	☺☺☺☺☺
햄버거	☺☺☺☺☺

☺10명
☺1명

가장 좋아하는 간식별 학생 수

간식	학생 수
피자	☺☺☺☺☺☺
떡볶이	☺☺☺☺☺☺☺
햄버거	☺☺☺☺☺☺☺☺

☺10명
☺1명

모둠별 모은 빈 병의 수

모둠	빈 병의 수
소망	🍶🍶🍶🍶
믿음	🍶🍶🍶🍶🍶
사랑	🍶🍶🍶🍶🍶🍶🍶

🍶10병
🍶1병

모둠별 모은 빈 병의 수

모둠	빈 병의 수
소망	🍶🍶🍶🍶🍶🍶🍶🍶
믿음	🍶🍶🍶🍶🍶🍶🍶
사랑	🍶🍶🍶🍶🍶

🍶10병
🍶1병

그림그래프 나와라 뚝딱

표에 알맞은 그림그래프를 가장 먼저 완성하는 사람이 이기는 놀이

수업 나침반

학습 목표	표를 보고 그림그래프로 나타내는 놀이를 할 수 있습니다.
핵심 역량	☑문제 해결　　☐추론　　☐창의·융합 ☑의사소통　　☑정보 처리　　☑태도 및 실천
인원	4명이 1모둠(개인전)
준비물	그림그래프 판 , 마을 카드 , 그림 카드

놀이 방법

① 마을 카드 와 그림 카드 더미를 각각 뒷면이 보이게 놓습니다.

② 순서를 정하여 자신의 그림그래프 판 을 고르고, 돌아가며 마을 카드 와 그림 카드 를 각각 한 장씩 뒤집습니다.

③ 뒤집은 마을 카드 에 해당하는 마을을 그림그래프 판 의 그림그래프에서 찾아 뒤집은 그림 카드 의 그림만큼 그림을 그립니다. 이때 놀이에 참여한 사람들 모두 자신의 그림그래프 판 에 그림을 그립니다.

　참고 뒤집은 그림 카드에서 큰 그림이나 작은 그림 중 필요한 그림만 선택해서 그릴 수 있습니다.

④ 뒤집은 카드는 사용 후 카드 더미와 섞어서 다시 사용합니다.

⑤ 표에 알맞은 그림그래프를 가장 먼저 완성한 사람이 이깁니다.

영상으로 놀이 방법을 쉽게 확인할 수 있어요~

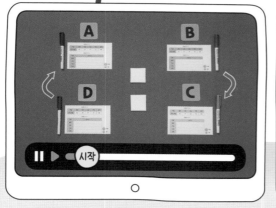

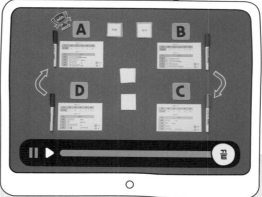

수업 내비게이션

◉ **개념 확인**   학생들이 그림그래프를 그리는 방법을 알고 있는지 확인해 봅니다.

◉ **지도 Tip**   • 10명을 나타내는 그림을 그릴 때 작은 그림 10개를 그리지 않고 큰 그림 1개를 그리도록 지도합니다.
   • 그림 카드 를 보고 그림을 그릴 때 큰 그림을 앞쪽에, 작은 그림을 뒤쪽에 구분하여 그리도록 지도합니다.

◉ **놀이 전략**   자신이 뽑아야 하는 마을과 그림이 무엇인지 확인하며 놀이를 진행하도록 합니다.

이럴 때는 이렇게 지도하세요!

수준별 지도

"너무 어려워요"라고 할 때는 이렇게!
• 마을 카드는 사용하지 않고 그림 카드만 사용하여 원하는 마을에 그림을 그릴 수 있도록 놀이를 진행할 수 있습니다.
• 2명이 한 팀이 되어 팀끼리의 대결로 놀이를 진행할 수 있습니다.

"너무 쉬워요"라고 할 때는 이렇게!
한 사람이 2개의 그림그래프를 완성하는 놀이를 진행할 수 있습니다.

온라인 수업 지도

학생들은 각자 그림그래프 판에서 한 장을 고르고, 교사는 마을 카드와 그림 카드를 각각 뽑아서 화면에 보여 줍니다. 학생들은 자신이 고른 그림그래프 판의 그림그래프를 완성하며 놀이를 진행할 수 있습니다.

놀이 방법

그림그래프 판

마을별 인구수

마을	행복	사랑	나눔	지혜	합계
인구수(명)	26	73	35	46	180

마을별 인구수

마을	인구수
행복	
사랑	
나눔	
지혜	

 10명

 1명

마을별 인구수

마을	행복	사랑	나눔	지혜	합계
인구수(명)	63	37	24	56	180

마을별 인구수

마을	인구수
행복	
사랑	
나눔	
지혜	

 10명

 1명

마을별 인구수

마을	행복	사랑	나눔	지혜	합계
인구수(명)	64	43	31	42	180

마을별 인구수

마을	인구수
행복	
사랑	
나눔	
지혜	

 10명

 1명

마을별 인구수

마을	행복	사랑	나눔	지혜	합계
인구수(명)	52	36	47	45	180

마을별 인구수

마을	인구수
행복	
사랑	
나눔	
지혜	

 10명

 1명

마을 카드

행복	행복	행복
사랑	사랑	사랑
나눔	나눔	지혜
지혜	뽑은 사람이 원하는 마을 한 곳 정하기	뽑은 사람이 원하는 마을 한 곳 정하기

그림 카드

_____ 학년 _____ 반 _____ 번

이름 _____

활동 1 크리스마스트리의 종류별 장식의 수를 세어 표와 그림그래프로 각각 나타내어 보세요.

🖐️ 표로 나타내기

종류별 장식의 수

장식	종	별	구슬	지팡이	상자	합계
장식의 수(개)						

🖐️ 그림그래프로 나타내기

종류별 장식의 수

장식	장식의 수
종	
별	
구슬	
지팡이	
상자	

더 큰 수일까 작은 수일까

조건을 만족하는 수를 더 많이 만드는 사람이 이기는 놀이

수업 나침반

학습 목표	큰 수의 크기를 비교하는 놀이를 할 수 있습니다.
핵심 역량	☑문제 해결 ☑추론 ☐창의·융합 ☑의사소통 ☐정보 처리 ☑태도 및 실천
인원	2명이 1모둠(개인전)
준비물	회전판, 비교하기 판, 연필, 클립

놀이 방법

① 가위바위보를 하여 순서를 정합니다.

② 정한 순서대로 한쪽 끝을 편 클립을 회전판에 연필로 고정하여 손가락으로 클립을 튕겨서 돌립니다.

③ 클립이 멈추면 그 끝이 가리키는 수를 확인합니다.

　참고 클립의 끝이 회전판의 선 위에 멈추면 다시 한번 클립을 튕겨서 돌립니다.

④ 두 사람이 번갈아 가며 클립을 튕겨서 확인한 수를 비교하기 판에서 '첫 번째 수'의 빈칸 중 원하는 곳에 적습니다. 이때 상대방이 튕겨서 멈춘 클립의 끝이 가리키는 수도 함께 적습니다.

　주의 수를 적을 때는 상대방에게 자신의 비교하기 판이 보이지 않도록 합니다.

⑤ 비교하기 판의 '첫 번째 수'가 완성되면 가위바위보를 하여 이긴 사람이 "큰 수" 또는 "작은 수"를 외칩니다.

⑥ 비교하기 판의 수를 상대방에게 보여 주며 읽습니다.

⑦ ⑤에서 '큰 수'를 말했다면 더 큰 수를 만든 사람이 1점을 얻고, '작은 수'를 말했다면 더 작은 수를 만든 사람이 1점을 얻습니다.

⑧ 같은 방법으로 비교하기 판의 '두 번째 수'부터 '일곱 번째 수'까지 놀이를 계속하여 점수를 더 많이 얻는 사람이 이깁니다.

영상으로 놀이 방법을 쉽게 확인할 수 있어요~

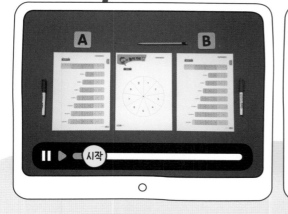
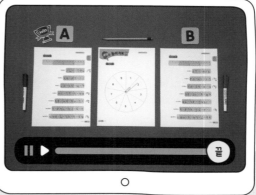

수업 내비게이션

📍 **개념 확인** • 학생들이 큰 수를 읽고 쓸 수 있는지 확인해 봅니다.
• 학생들이 큰 수의 크기를 비교하는 방법을 알고 있는지 확인해 봅니다.

📍 **지도 Tip** 수의 크기를 비교하는 활동을 놀이로 경험하여 수에 대한 감각을 즐겁게 형성할 수 있도록 지도합니다.

📍 **놀이 전략** 더 큰 수를 만들 때는 높은 자리부터 큰 수를, 더 작은 수를 만들 때는 높은 자리부터 작은 수를 차례대로 적으면 된다는 것을 알도록 합니다.

이럴 때는 이렇게 지도하세요!

수준별 지도

"너무 어려워요"라고 할 때는 이렇게!
비교하기 판에 주어진 수보다 자리 수를 줄여서 놀이를 진행할 수 있습니다.

"너무 쉬워요"라고 할 때는 이렇게!
놀이하는 인원을 늘려서 여러 수의 크기를 비교하는 놀이로 진행할 수 있습니다.

온라인 수업 지도

학생들이 1부터 9까지의 수가 적힌 온라인 룰렛에서 나온 수를 보고 비교하기 판을 각자 완성합니다. 교사가 화면에 수를 제시하며 "큰 수" 또는 "작은 수"를 외치면 교사가 제시한 수보다 더 큰 수 또는 더 작은 수로 비교하기 판을 완성한 학생이 1점을 얻는 놀이로 진행할 수 있습니다.

회전판

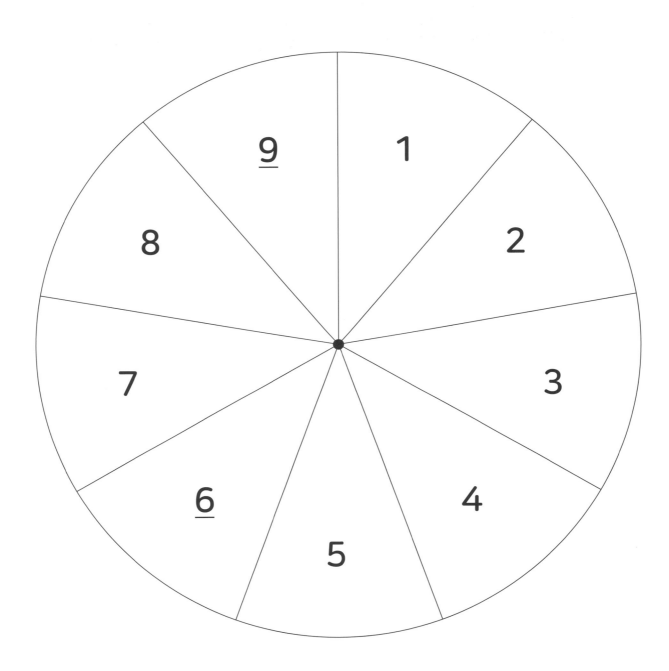

비교하기 판

1명당 1장씩 필요합니다.

천	백	십	일	천	백	십	일	천	백	십	일	천	백	십	일
			조				억				만				일

첫 번째 수:

		0	7				

두 번째 수:

		2		9			

세 번째 수:

	3			1		5	

네 번째 수:

	0		4		6		

다섯 번째 수:

6		5					8

여섯 번째 수:

1			7		3		2

일곱 번째 수:

	4	9		8		5	

세계 문화유산 지킴이라 불러다오

뛰어 세기 하면서 기부금으로 가장 먼저 1조 원을 만드는 사람이 이기는 놀이

수업 나침반

학습 목표	뛰어 세기를 이용하여 놀이를 할 수 있습니다.
핵심 역량	☑문제 해결　☑추론　☐창의·융합 ☑의사소통　☐정보 처리　☑태도 및 실천
인원	2~4명이 1모둠(개인전)
준비물	놀이판, 미션 카드, 뛰어 세기 판, 말, 주사위

놀이 방법

① 미션 카드 더미를 놀이판의 '미션 카드 놓는 곳'에 뒷면이 보이게 놓고, 각자 말을 놀이판의 '출발'에 둡니다.

② 가위바위보를 하여 순서를 정합니다.

③ 정한 순서대로 주사위를 던져 나온 눈의 수만큼 말을 움직입니다.

④ 말이 도착한 곳에 적힌 기부금을 확인하고 주사위를 던져 나온 눈의 수만큼 기부금을 뛰어 세기 하며 뛰어 세기 판에 적습니다.

　　⟮예⟯ 말이 도착한 곳의 기부금이 2000억 원이고 주사위의 눈의 수가 3이라면 2000억씩 3번 뛰어 셉니다.
　　　　이때 뛰어 세기 판에 적혀 있는 수부터 이어서 뛰어 셉니다.

⑤ 말이 '미션 카드' 칸에 도착하면 미션 카드를 한 장 뒤집어 해당하는 미션을 수행합니다.

　　⟮참고⟯ • 미션 카드를 뽑을 때는 미션 카드 더미에서 맨 위에 있는 카드부터 가져갑니다.
　　　　　• 미션 카드가 부족한 경우 사용한 미션 카드를 섞어서 다시 사용합니다.

⑥ 뛰어 세기 판에서 가장 먼저 1조 또는 1조보다 큰 수를 적은 사람이 이깁니다.

영상으로 놀이 방법을 쉽게 확인할 수 있어요~

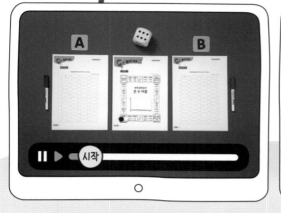 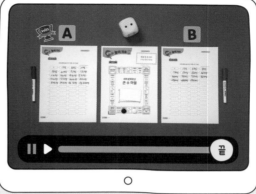

수업 내비게이션

📍 **개념 확인**
- 학생들이 뛰어 세기의 의미를 알고 있는지 확인해 봅니다.
- 학생들이 규칙을 정하여 뛰어 세기를 할 수 있는지 확인해 봅니다.

📍 **지도 Tip**   뛰어 세기 판 에 수를 적을 때는 친구들이 수를 바르게 적었는지 서로 확인하며 놀이를 진행할 수 있도록 지도합니다.

📍 **놀이 전략**   놀이판 에서 많은 기부금이 쓰여진 칸에 말이 도착하는 것이 유리하다는 것을 알도록 합니다.

이럴 때는 이렇게 지도하세요!

⟫ 수준별 지도 ⟪

"너무 어려워요"라고 할 때는 이렇게!
- 놀이판에서 세계 문화유산별 기부금과 목표한 기부금을 더 적은 금액으로 바꾸어 놀이를 진행할 수 있습니다.
- 2명이 한 팀이 되어 놀이를 진행할 수 있습니다.

"너무 쉬워요"라고 할 때는 이렇게!
1조 원에서 작아지는 뛰어 세기 활동으로 놀이를 진행할 수 있습니다.

⟫ 온라인 수업 지도 ⟪

전체 학생을 두 팀으로 나누어 팀끼리의 대결로 놀이를 진행할 수 있습니다. 교사가 화면에 놀이판과 주사위를 비추며 놀이를 진행하고, 각 팀의 학생들이 각자 자신의 뛰어 세기 판에 수를 적으며 상대 팀의 뛰어 세기 판과 비교합니다.

놀이 자료

놀이 방법

1모둠에 1장씩 필요합니다.

놀이판

※ 기부금 단위는 '원'입니다.

세계 문화유산 큰 수 마블

미션 카드 놓는 곳

*미션 카드의 뒷면이 보이게 놓으세요.

| 다음 차례는 한 번 쉬기 | 미국 자유의 여신상 10억 | 호주 오페라 하우스 20억 | 미션 카드 | 영국 스톤헨지 20억 | 프랑스 에펠 탑 50억 | 원하는 사람의 말과 위치 바꾸기 (2번 뛰어 세기) |

| 이집트 피라미드 5억 |
| 케냐 케냐산 국립 공원 4억 |
| 미션 카드 |
| 페루 마추픽추 2억 |
| 캄보디아 앙코르 유적지 1억 |

| 이탈리아 베네치아 100억 |
| 그리스 파르테논 신전 200억 |
| 미션 카드 |
| 독일 쾰른 대성당 200억 |
| 인도 타지마할 500억 |

| 출발 2번째 도착부터 100억씩 2번 뛰어 세기 | 대한민국 수원 화성 3000억 | 대한민국 종묘 2000억 | 미션 카드 | 북한 고구려 고분군 2000억 | 중국 만리장성 1000억 | 다음 차례에 원하는 곳으로 이동 (1번 뛰어 세기) |

미션 카드

다음 차례는 한 번 쉬기	다음 차례에 원하는 곳으로 가기 (1번 뛰어 세기)
원하는 사람의 말과 위치 바꾸기 (3번 뛰어 세기)	주사위를 한 번 더 굴려서 한 번 더 기부하기
모두 함께 1억 원씩 3번 기부하기	모두 함께 2억 원씩 3번 기부하기
앞으로 한 칸 더 가기 (1번 뛰어 세기)	앞으로 두 칸 더 가기 (2번 뛰어 세기)
뒤로 한 칸 가기 (1번 뛰어 세기)	뒤로 두 칸 가기 (2번 뛰어 세기)

뛰어 세기 판

〈세계 문화유산을 지키기 위한 나의 기부금〉

※ '원' 단위는 쓰지 않습니다.

0			

손으로 하는
수학 활동

_____ 학년 _____ 반 _____ 번

이름 _____

활동1 가로와 세로 문제를 읽고 가로 세로 퍼즐을 채워 보세요.

가로

① 9999보다 1 큰 수

② 만이 78개, 일이 9096개인 수

③ 10000이 8개, 100이 7개, 10이 5개,
1이 3개인 수

④ 10000이 600개, 1000이 6개인 수

⑤ 만이 5520개, 일이 9800개인 수

⑥ 억이 5748개, 만이 6435개,
일이 3000개인 수

세로

❶ 9000보다 1000 큰 수

❷ 10000이 6개, 1000이 5개, 10이 1개,
1이 6개인 수

❸ 10000이 5000개, 10이 8개인 수

❹ 10000이 7213개, 1이 8277개인 수

❺ 억이 9개, 만이 900개, 일이 8756개인 수

❻ 억이 1246개, 만이 7350개,
일이 300개인 수

가로 세로 퍼즐

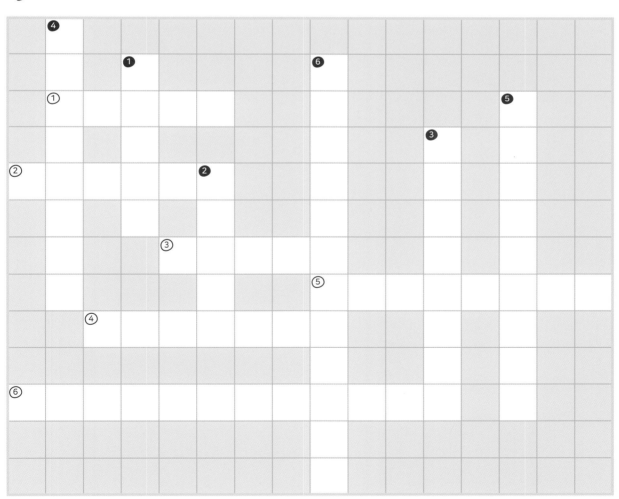

시계 안에 각 있다

예각, 직각, 둔각 중 알맞은 각 5개를 먼저 차지하는 사람이 이기는 놀이

학습 목표	예각, 직각, 둔각을 구별하는 놀이를 할 수 있습니다.
핵심 역량	☑문제 해결　☑추론　☐창의·융합 ☑의사소통　☐정보 처리　☑태도 및 실천
인원	2명이 1모둠(개인전)
준비물	말판 , 시계 놀이판 , 말, 주사위, 흰색 바둑돌 5개, 검은색 바둑돌 5개

수업
나침반

놀이
방법

① 바둑돌의 색깔을 고르고 바둑돌을 5개씩 나누어 가집니다.

② 가위바위보를 하여 순서를 정합니다.

③ 말판 의 서로 다른 '출발' 위치에 말을 각각 놓고, 정한 순서대로 주사위를 던져 나온 눈의 수만큼 말을 움직입니다.

④ 말이 도착한 칸에 적힌 각을 시계 놀이판 에서 찾아 해당하는 시계 위에 바둑돌을 놓습니다.

참고 시계 놀이판에서 각을 찾을 때는 시계의 긴바늘과 짧은바늘이 이루는 작은 쪽의 각을 알아봅니다.

⑤ 시계 놀이판 에서 상대방의 바둑돌을 치우고 자신의 바둑돌을 놓을 수도 있습니다. 상대방의 바둑돌을 치운 경우에는 주사위를 한 번 더 던지고 바둑돌을 놓습니다.

⑥ 시계 놀이판 에 바둑돌 5개를 먼저 놓는 사람이 이깁니다.

영상으로 놀이 방법을 쉽게 확인할 수 있어요~

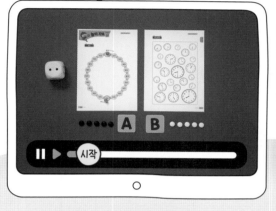 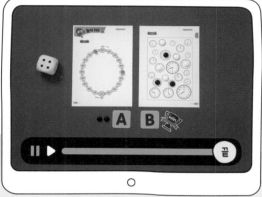

수업 내비게이션

◉ 개념 확인 학생들이 예각, 직각, 둔각을 구별할 수 있는지 확인해 봅니다.

◉ 지도 Tip 직각과 비교하는 활동을 통해 예각과 둔각을 구별할 수 있도록 지도합니다.

◉ 놀이 전략 상대방의 바둑돌을 치우고 자신의 바둑돌을 놓아야 유리하다는 것을 알도록 합니다.

이럴 때는 이렇게 지도하세요!

수준별 지도

"너무 어려워요"라고 할 때는 이렇게!
놀이를 시작하기 전에 시계 놀이판에 있는 시계의 시곗바늘이 이루는 각을 예각, 직각, 둔각으로 구별하여 적어 보는 활동을 추가한 후 놀이를 진행할 수 있습니다.

"너무 쉬워요"라고 할 때는 이렇게!
시계 놀이판에 시곗바늘이 있는 시계 대신 '10시', '6시 30분'과 같이 시각만 제시하여 시각을 보고 예각, 직각, 둔각을 구별하는 놀이를 진행할 수 있습니다.

온라인 수업 지도

전체 학생을 두 팀으로 나누어 팀끼리의 대결로 놀이를 진행할 수 있습니다. 말판과 시계 놀이판을 화면에 제시한 후 학생들이 주석 기능을 이용하여 말의 위치나 바둑돌의 위치를 표시합니다. 이때 팀별 학생들이 돌아가며 주사위를 던지거나 바둑돌의 위치를 표시하도록 합니다.

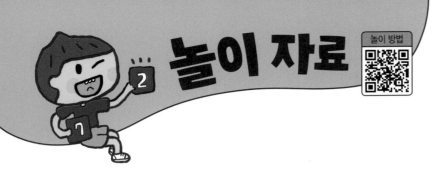

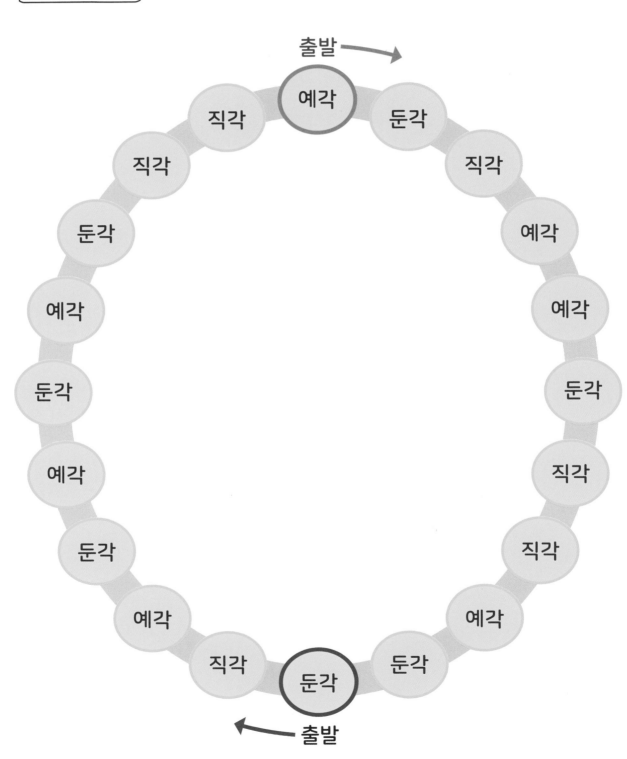

시계 놀이판

원, 투, 쓰리! 각도 재기

번갈아 가면서 각도를 재고 마지막 각도를 재야 하는 사람이 지는 놀이

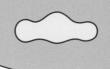

수업 나침반

학습 목표	각도기를 사용하여 그림에서 각도를 재어 보면서 놀이를 할 수 있습니다.
핵심 역량	☑문제 해결　☑추론　□창의·융합 ☑의사소통　□정보 처리　☑태도 및 실천
인원	2~4명이 1모둠(개인전)
준비물	놀이판 , 각도기

놀이 방법

① 가위바위보를 하여 순서를 정합니다.

② 정한 순서대로 놀이판 의 고양이 안에서 재어 보고 싶은 각도를 한 번에 1~3군데를 고릅니다. 이때 180°보다 작은 각만 고를 수 있고 고른 각의 수에 따라 "원", "투", "쓰리"를 외칩니다.

③ 각도기를 사용하여 자신이 고른 각도를 재어 놀이판 에 써넣습니다.

　참고 상대방이 잰 각도가 맞는지 서로 확인해 보도록 합니다.

④ 놀이판 에서 고를 수 있는 각이 한 군데 남을 때까지 놀이를 계속합니다.

⑤ 놀이판 에서 마지막 각도를 재는 사람이 집니다.

영상으로 놀이 방법을 쉽게 확인할 수 있어요~

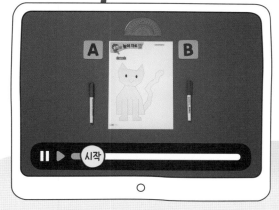

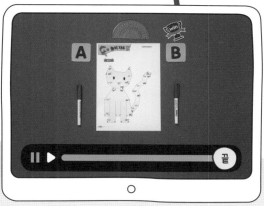

수업 내비게이션

📍 **개념 확인** 학생들이 각도기를 사용하여 각도를 잴 수 있는지 확인해 봅니다.

📍 **지도 Tip** • 놀이판 에서 각을 빠짐없이 찾을 수 있도록 지도합니다.
　　　　　　　• 놀이를 하면서 각도를 바르게 재었는지 서로 확인할 수 있도록 지도합니다.

📍 **놀이 전략** 마지막에 재야 하는 각도가 3군데 남았다면 2군데의 각도를 재야 이길 수 있음을 알도록 합니다.

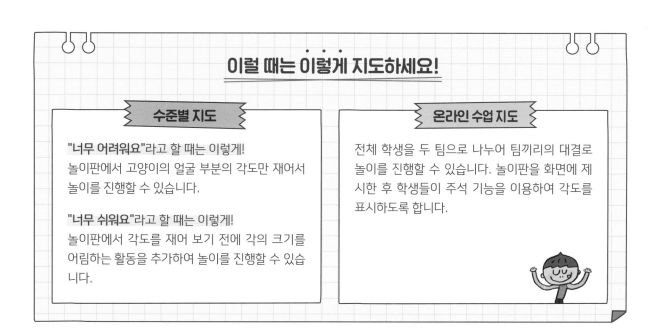

이럴 때는 이렇게 지도하세요!

수준별 지도

"너무 어려워요"라고 할 때는 이렇게!
놀이판에서 고양이의 얼굴 부분의 각도만 재어서 놀이를 진행할 수 있습니다.

"너무 쉬워요"라고 할 때는 이렇게!
놀이판에서 각도를 재어 보기 전에 각의 크기를 어림하는 활동을 추가하여 놀이를 진행할 수 있습니다.

온라인 수업 지도

전체 학생을 두 팀으로 나누어 팀끼리의 대결로 놀이를 진행할 수 있습니다. 놀이판을 화면에 제시한 후 학생들이 주석 기능을 이용하여 각도를 표시하도록 합니다.

보충
자료

손으로 하는
수학 활동

정답 259쪽

_____ 학년 _____ 반 _____ 번

이름 _____

4
–
1

활동 1 ☐ 안에 알맞은 수를 써넣어 보세요.

3단원
손으로 골 넣기

곱셈 결과를 비교하여 말을 움직이면서 상대방의 골대에 말을 먼저 넣는 사람이 이기는 놀이

수업 나침반

학습 목표	(세 자리 수)×(두 자리 수)의 계산을 이용하여 놀이를 할 수 있습니다.
핵심 역량	☑문제 해결　　☐추론　　☐창의·융합 ☑의사소통　　☐정보 처리　　☑태도 및 실천
인원	2명이 1모둠(개인전)
준비물	놀이 카드 , 놀이판 , 말 1개

놀이 방법

① 놀이판 의 '시작 위치'에 말을 놓고 각자 자신의 골대를 정한 후, 놀이 카드 를 11장씩 나누어 가집니다.

② 각자 놀이 카드 중 한 장을 앞면이 보이도록 동시에 내려놓습니다.

③ 가위바위보를 하여 이긴 사람이 5초 이내에 "큰 값" 또는 "작은 값"이라고 외칩니다.

④ 내려놓은 놀이 카드 의 계산 결과를 구하고 서로의 계산이 맞는지 확인합니다.

⑤ ③에서 '큰 값'이라고 외친 경우 놀이 카드 의 계산 결과가 큰 값인 사람이 상대방의 골대로 말을 한 칸 움직이고, ③에서 '작은 값'이라고 외친 경우 계산 결과가 작은 값인 사람이 상대방의 골대로 말을 한 칸 움직입니다.

⑥ 한 명이라도 [찬스]가 적힌 놀이 카드 를 내려놓았다면 계산을 하지 않고 놀이 카드 에 적힌대로 말을 움직입니다. 이때 모두 [찬스]가 적힌 놀이 카드 를 내려놓았다면 가위바위보를 하여 이긴 사람이 내려놓은 카드에 적힌대로 말을 움직입니다.

⑦ 골대에 말을 넣을 때까지 놀이를 계속합니다.

　참고 놀이 카드를 모두 사용한 경우에는 놀이 카드를 섞어서 다시 11장씩 나누어 가집니다.

⑧ 상대방의 골대에 말을 먼저 넣는 사람이 이깁니다.

영상으로 놀이 방법을 쉽게 확인할 수 있어요~

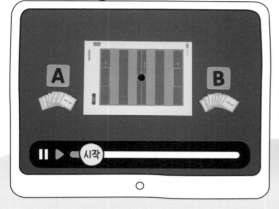
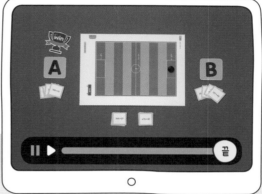

수업 내비게이션

📍 **개념 확인** 학생들이 (세 자리 수)×(두 자리 수)를 계산할 수 있는지 확인해 봅니다.

📍 **지도 Tip** • 정확한 계산을 하기 전에 어림을 통해 계산 결과의 크기를 비교해 보는 과정을 경험할 수 있도록 지도합니다.
• 내려놓은 놀이카드 의 계산 결과를 구할 때 계산을 어려워하는 학생들은 계산기를 사용하도록 지도합니다.

📍 **놀이 전략** 놀이카드 의 계산 결과를 어림하여 큰 값과 작은 값 중 어떤 값을 말하는 것이 유리한지 알도록 합니다.

이럴 때는 이렇게 지도하세요!

수준별 지도

"너무 어려워요"라고 할 때는 이렇게!
[찬스]가 적힌 놀이 카드의 장수를 늘려서 놀이를 진행할 수 있습니다.

"너무 쉬워요"라고 할 때는 이렇게!
주어진 놀이 카드 대신 (세 자리 수)×(두 자리 수)의 문제를 만들어 놀이를 진행할 수 있습니다.

온라인 수업 지도

교사와 전체 학생의 대결로 놀이를 진행할 수 있습니다. 놀이판의 진행 상황은 교사가 화면으로 보여주고, 교사가 학생을 한 명씩 지명하여 놀이 카드를 비교합니다.

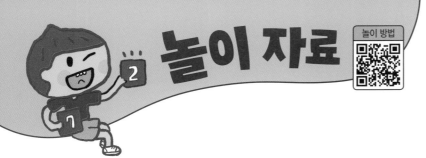
놀이 카드

		[찬스] 상대방의 골대로 말을 한 칸 이동	[찬스] 시작 위치로 말을 이동
181 × 30	202 × 80	526 × 40	555 × 24
122 × 45	750 × 42	326 × 50	470 × 40
300 × 60	154 × 26	712 × 90	111 × 22
285 × 30	400 × 70	957 × 20	349 × 57
600 × 50	327 × 60	194 × 28	532 × 43

놀이판

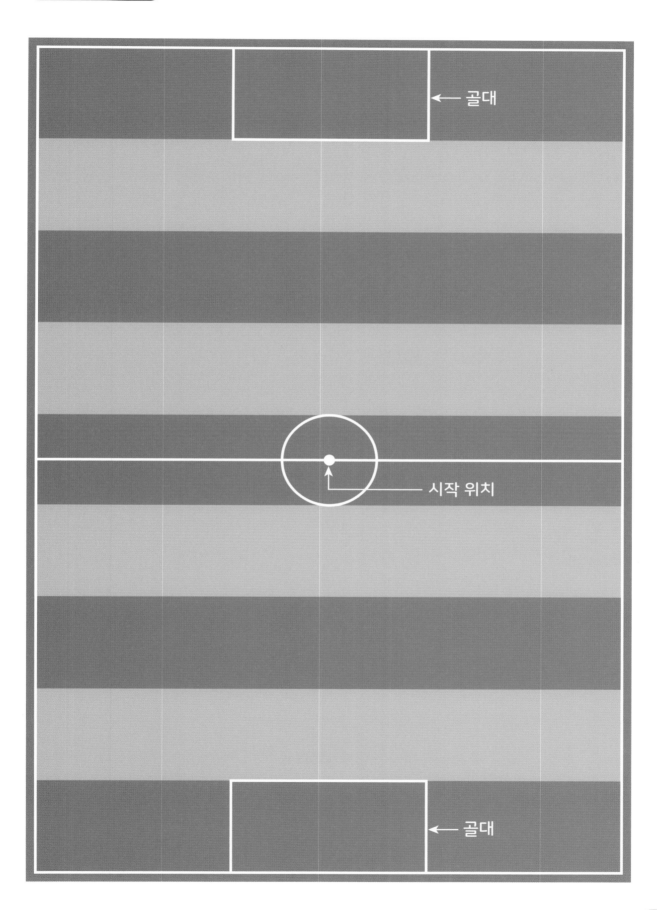

골대

시작 위치

골대

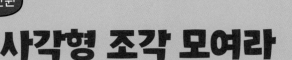

사각형 조각 모여라

나눗셈의 몫을 구하여 육각 퍼즐을 가장 먼저 완성하는 사람이 이기는 놀이

수업 나침반

학습 목표	(세 자리 수)÷(두 자리 수)의 계산을 이용하여 놀이를 할 수 있습니다.

핵심 역량	☑문제 해결 ☐추론 ☐창의·융합 ☑의사소통 ☐정보 처리 ☑태도 및 실천

인원	2~4명이 1모둠(개인전)

준비물	육각 퍼즐

놀이 방법

① 육각 퍼즐 을 선을 따라 사각형 조각과 육각형 조각으로 모두 자릅니다.

② 육각형 조각은 한 개씩 골라 갖고, 사각형 조각은 잘 섞은 후 6장씩 4줄로 뒷면이 보이게 놓습니다.

③ 순서를 정하여 사각형 조각 한 개를 뒤집어 사각형 조각에 적힌 나눗셈의 몫을 구합니다.

> 참고 나눗셈의 몫을 바르게 계산했는지 서로 확인합니다.

④ 나눗셈의 몫이 자신의 육각형 조각에 적힌 수와 같으면 사각형 조각을 가져가고, 다르면 사각형 조각을 다시 제자리에 뒷면이 보이게 놓습니다.

⑤ 같은 방법으로 돌아가며 놀이를 계속합니다.

⑥ 사각형 조각을 6개 모아서 육각 퍼즐 의 처음 모양과 같이 큰 육각형을 가장 먼저 완성한 사람이 이깁니다.

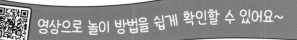

영상으로 놀이 방법을 쉽게 확인할 수 있어요~

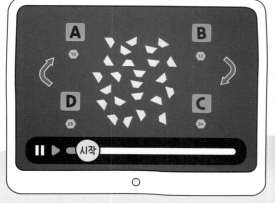

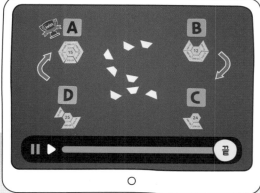

수업 내비게이션

◉ **개념 확인**   학생들이 (세 자리 수)÷(두 자리 수)를 계산할 수 있는지 확인해 봅니다.

◉ **지도 Tip**   사각형 조각에 적힌 나눗셈의 몫을 구할 때 계산을 어려워하는 학생들은 계산기를 사용하도록 지도합니다.

◉ **놀이 전략**   다른 학생들이 뒤집었다가 다시 제자리에 뒷면이 보이게 놓은 사각형 조각의 나눗셈의 몫이 자신의 육각형 조각에 적힌 수와 같으면 그 위치를 기억하도록 합니다.

이럴 때는 이렇게 지도하세요!

수준별 지도

"너무 어려워요"라고 할 때는 이렇게!
2명이 한 팀이 되어 팀끼리의 대결로 놀이를 진행할 수 있습니다.

"너무 쉬워요"라고 할 때는 이렇게!
육각 퍼즐을 1명당 1장씩 갖고 4개의 큰 육각형을 가장 먼저 완성하는 사람이 이기는 놀이를 진행할 수 있습니다.

온라인 수업 지도

교사가 나눗셈의 몫을 제시하면 학생들이 사각형 조각 중 몫이 같은 나눗셈을 찾아 화면에 비추는 놀이를 진행할 수 있습니다.

육각 퍼즐

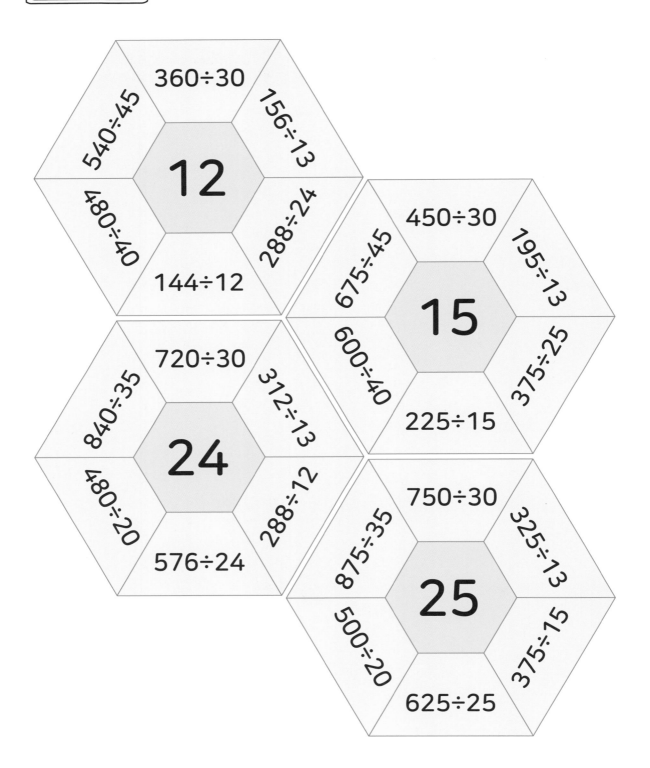

활동 1

그림 조각을 자르고, 그림 조각에 적힌 식의 계산 결과를 그림판에서 찾아 그림판에 붙여 보세요.

그림판

4829
37960
12
55
6560
54600
8990
64
39
72

그림 조각

328×20

660÷12

910×60

528÷44

439×11

896÷14

145×62

936÷13

520×73

702÷18

깡충깡충~ 토끼를 잡아라

주어진 그림을 뒤집거나 돌렸을 때 나오는 그림이 있는 카드를 더 많이 모으는
사람이 이기는 놀이

수업 나침반

학습 목표	그림을 여러 가지 방향으로 뒤집거나 돌린 후의 변화를 확인하며 놀이를 할 수 있습니다.
핵심 역량	☑문제 해결　　☑추론　　☐창의·융합 ☑의사소통　　☐정보 처리　　☑태도 및 실천
인원	2명이 1모둠(개인전)
준비물	회전판, 그림 카드, 연필, 클립

놀이 방법

① 그림 카드를 잘 섞어 책상 위에 앞면이 보이게 펼쳐 놓습니다.

② 순서를 정하여 첫 번째 사람이 한쪽 끝을 편 클립을 회전판에 연필로 고정한 후 손가락으로 클립을 튕겨서 돌립니다.

③ 클립이 멈추면 그 끝이 가리키는 방법으로 오른쪽 그림을 움직였을 때 나오는 그림을 그림 카드에서 다 같이 찾습니다.

　참고 • 클립의 끝이 회전판의 선 위에 멈추면 다시 한번 클립을 튕겨서 돌립니다.
　　　• 오른쪽 그림을 움직였을 때 나오는 그림이 그림 카드에 없으면 다음 사람이 회전판의 클립을 튕깁니다.

④ 그림 카드에서 그림을 찾은 사람은 "잡았다"를 외칩니다. 이때 바르게 찾았으면 그림 카드를 가져가고, 그렇지 않으면 상대방에게 기회가 넘어갑니다.

　주의 그림 카드를 동시에 찾은 경우에는 가위바위보를 하여 이긴 사람이 그림 카드를 가져갑니다.

⑤ 그림 카드가 모두 없어질 때까지 번갈아 가며 놀이를 계속합니다.

⑥ 그림 카드를 더 많이 가져간 사람이 이깁니다.

영상으로 놀이 방법을 쉽게 확인할 수 있어요~

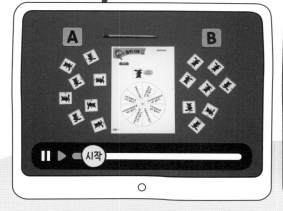
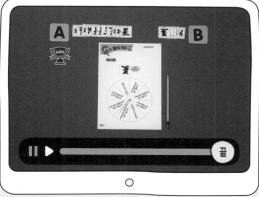

수업 내비게이션

📍 **개념 확인** 학생들이 평면도형을 밀기, 뒤집기, 돌리기 했을 때의 변화를 알고 있는지 확인해 봅니다.

📍 **지도 Tip** 공간 추론이 어려운 학생들에게는 투명 종이에 그림을 본떠서 직접 이동해 볼 수 있도록 지도합니다.

📍 **놀이 전략** 주어진 그림에서 특징을 찾아 기준을 정하면 움직였을 때 나오는 그림을 더 쉽게 찾을 수 있다는 것을 알도록 합니다.

이럴 때는 이렇게 지도하세요!

수준별 지도

"너무 어려워요"라고 할 때는 이렇게!
그림 카드를 같은 그림끼리 모아 놓고 놀이를 진행할 수 있습니다.

"너무 쉬워요"라고 할 때는 이렇게!
클립을 2번 튕겨서 돌린 후 클립이 각각 멈춘 칸에 적힌 방법으로 주어진 그림을 2번 움직였을 때 나오는 그림을 찾는 놀이로 진행할 수 있습니다.

온라인 수업 지도

교사가 회전판의 클립을 튕겨서 돌린 후 화면에 제시합니다. 학생들은 클립이 멈춘 칸에 적힌 방법으로 주어진 그림을 움직였을 때 나오는 그림을 자신의 그림 카드에서 찾아 화면에 비추면서 놀이를 진행할 수 있습니다.

놀이 자료

놀이 방법

회전판

나를 움직여 봐~.

시계 방향으로 90° 돌리기

왼쪽으로 뒤집기

시계 방향으로 270° 돌리기

시계 반대 방향으로 90° 돌리기

시계 반대 방향으로 180° 돌리기

시계 방향으로 180° 돌리기

시계 반대 방향으로 270° 돌리기

오른쪽으로 뒤집기

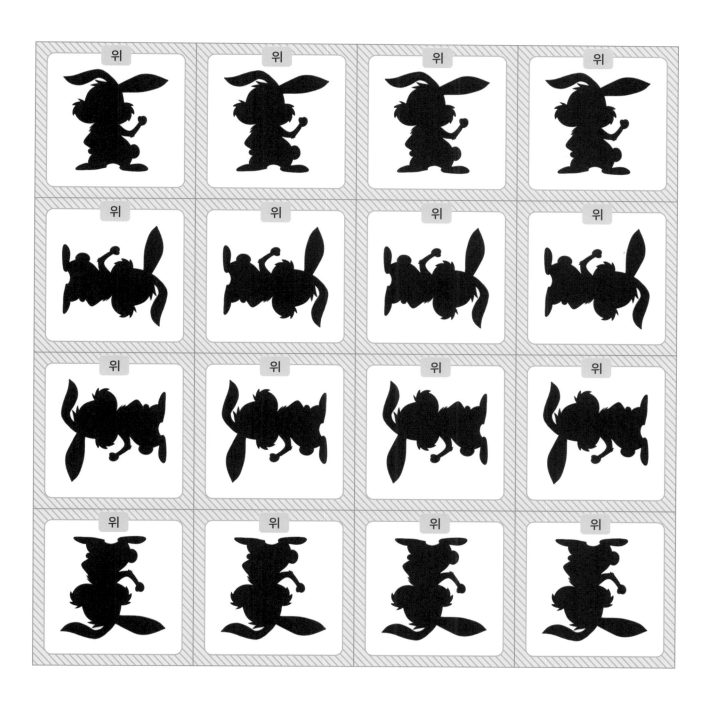

그림 카드

몬스터 빙고

그림 카드를 보고 움직인 방법을 빙고 판에서 찾아 색칠할 때 3칸씩 3줄을 먼저
색칠하는 사람이 이기는 놀이

수업 나침반

학습 목표	처음 그림과 움직인 후의 그림을 보고 그림이 움직인 방법을 추론하여 놀이를 할 수 있습니다.
핵심 역량	☑문제 해결　　☑추론　　☐창의·융합 ☑의사소통　　☐정보 처리　　☑태도 및 실천
인원	2명이 1모둠(개인전)
준비물	빙고 판 , 그림 카드

놀이 방법

① 각자 빙고 판 의 각 칸에 밀기, 뒤집기, 돌리기 중 하나를 골라 써넣습니다.

② 그림 카드 더미를 책상 위에 뒷면이 보이게 놓습니다.

③ 가위바위보를 하여 순서를 정합니다.

④ 이긴 사람부터 그림 카드 를 한 장씩 가져와 그림을 보고 움직인 방법을 알아봅니다.
움직인 방법을 빙고 판 에서 찾아 알맞은 칸을 색칠합니다.

　　주의 빙고 판의 칸을 색칠할 때는 한 칸만 색칠합니다.

　　참고 그림 카드에서 왼쪽 그림은 처음 그림이고, 오른쪽 그림은 움직인 후의 그림입니다.

⑤ 움직인 방법을 알지 못하거나 색칠할 칸이 없으면 가져온 그림 카드 를 카드 더미
밑에 넣습니다.

⑥ 번갈아 가며 놀이를 계속합니다.

⑦ 3칸씩 3줄을 먼저 색칠한 사람이 이깁니다.

영상으로 놀이 방법을 쉽게 확인할 수 있어요~

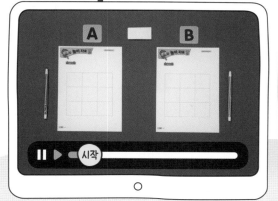

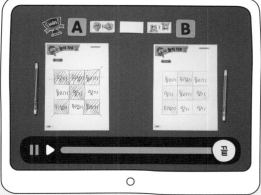

수업 내비게이션

📍 **개념 확인**   처음 도형과 움직인 후의 도형을 보고 도형의 이동 방법을 설명할 수 있는지 확인해 봅니다.

📍 **지도 Tip**   움직인 방법을 찾을 때는 그림을 움직인 횟수에 제한을 두지 않으며, 움직인 횟수에 따라 나올 수 있는 다양한 경우도 인정하도록 지도합니다.

📍 **놀이 전략**   움직인 방법을 빙고 판 에서 찾아 색칠할 때 3칸씩 3줄을 빠르게 색칠하려면 어느 칸을 먼저 색칠할지 생각해 보도록 합니다.

이럴 때는 이렇게 지도하세요!

수준별 지도

"너무 어려워요"라고 할 때는 이렇게!
빙고 판의 칸을 더 많이 색칠하는 사람이 이기는 놀이로 진행할 수 있습니다.

"너무 쉬워요"라고 할 때는 이렇게!
빙고 판에서 3칸씩 5줄을 먼저 색칠하는 사람이 이기는 놀이로 진행할 수 있습니다.

온라인 수업 지도

교사가 그림 카드 한 장을 화면에 제시합니다. 학생들은 그림 카드를 보고 움직인 방법을 자신의 빙고 판에서 찾아 알맞은 칸을 색칠하면서 3칸씩 3줄을 완성하는 놀이로 진행할 수 있습니다.

빙고 판

그림 카드

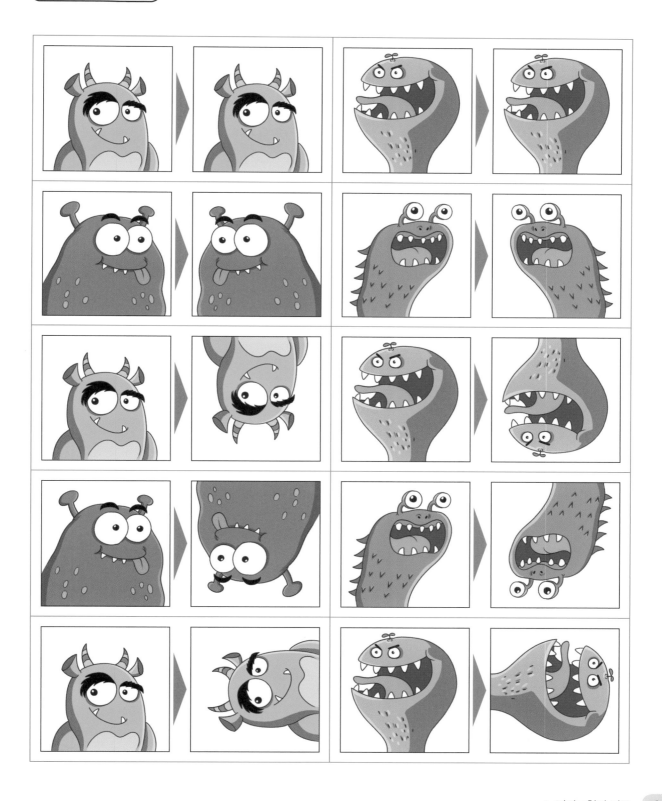

보충 자료

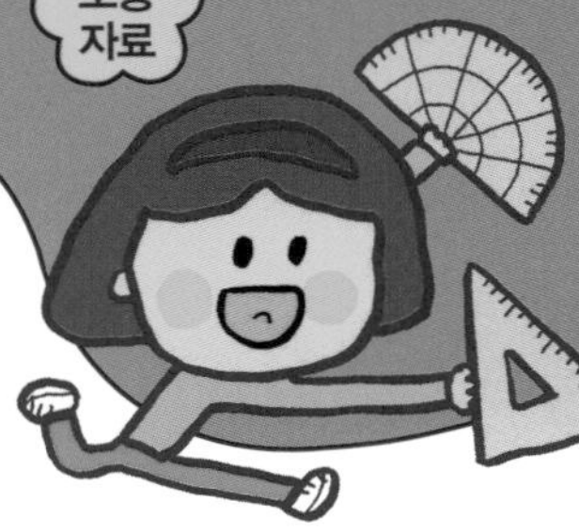

손으로 하는 수학 활동

정답 260쪽

_____ 학년 _____ 반 _____ 번

이름 ______________________

활동 1 주어진 방법으로 움직였을 때의 무늬가 되도록 색칠해 보세요.

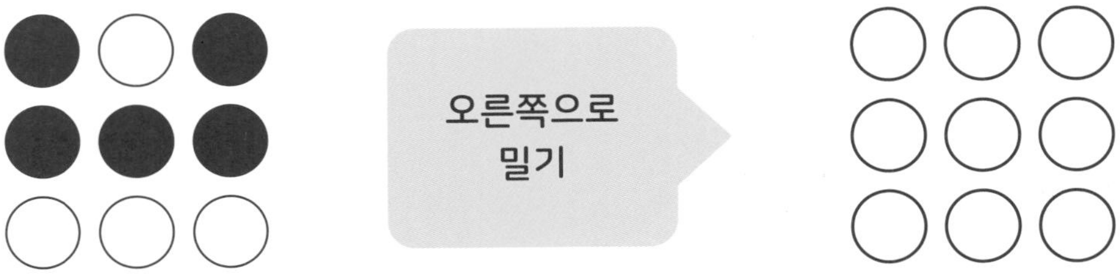

오른쪽으로 밀기

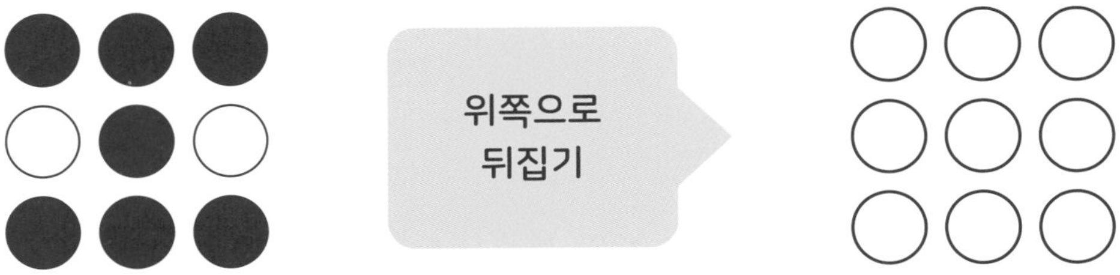

위쪽으로 뒤집기

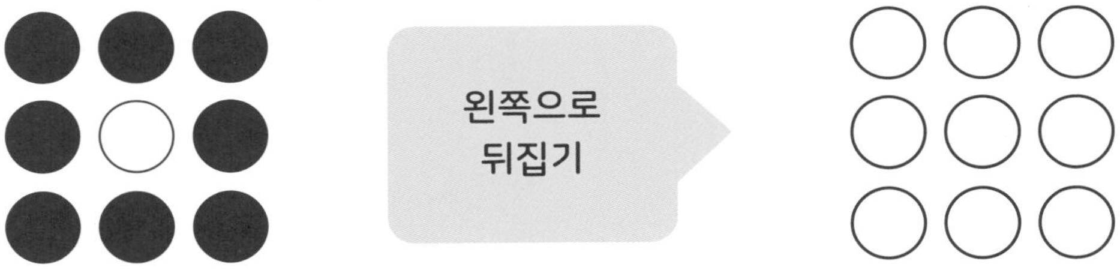

왼쪽으로 뒤집기

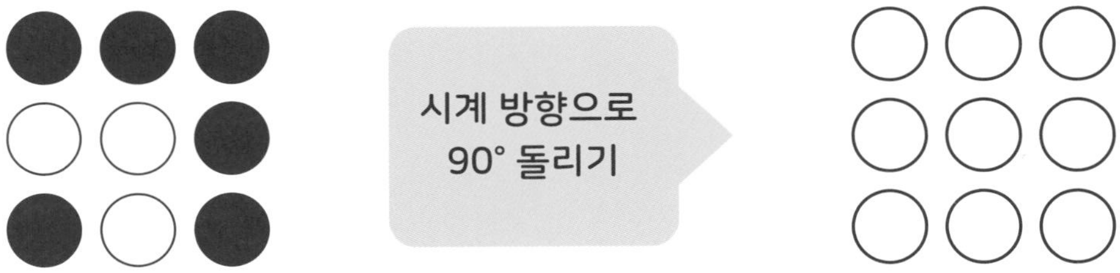

시계 방향으로 90° 돌리기

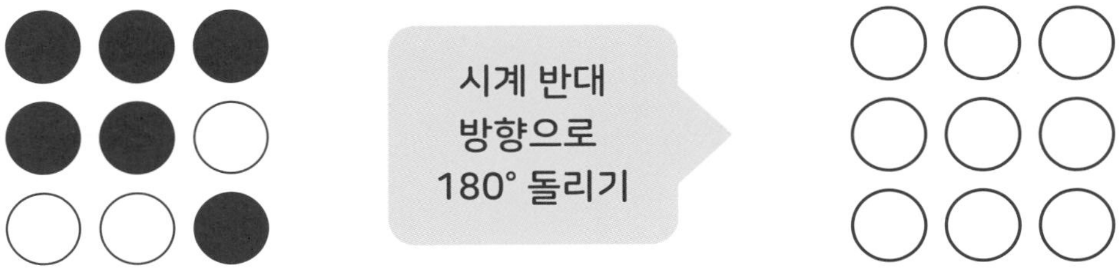

시계 반대 방향으로 180° 돌리기

활동 2 밀기, 뒤집기, 돌리기를 이용하여 규칙적인 무늬를 넣은 목도리를 만들고 있습니다. 규칙에 따라 빈칸을 채워 무늬를 완성해 보세요.

바닷속 동물 찾기

자료를 보고 표와 막대그래프로 나타내고, 막대그래프로 나타낸 동물의 수를
비교하는 놀이

수업 나침반

학습 목표	자료를 보고 표와 막대그래프로 나타내는 놀이를 할 수 있습니다.
핵심 역량	☑ 문제 해결 ☐ 추론 ☐ 창의·융합 ☑ 의사소통 ☑ 정보 처리 ☑ 태도 및 실천
인원	2명이 1모둠(개인전)
준비물	그림판 , 기록판

놀이 방법

① 각자 그림판 과 기록판 을 준비합니다.

② 선생님이 "시작"을 외치면 그림판 을 보고 바닷속 동물을 종류별로 세면서 기록판 의
표 ❶에 / 표시를 합니다.

③ 선생님이 "그만"을 외치면 동물 세기를 멈추고 ②에서 표시한 기록판 의 표 ❶을
보고 표 ❷와 막대그래프를 완성합니다.

④ 내가 완성한 막대그래프와 상대방이 완성한 막대그래프를 비교하여 누가 어떤
동물을 더 많이 찾았는지 알아봅니다.

참고 내가 완성한 막대그래프와 상대방이 완성한 막대그래프를 비교하여 찾은 동물과 찾지 못한 동물
을 확인해 봅니다.

영상으로 놀이 방법을 쉽게 확인할 수 있어요~

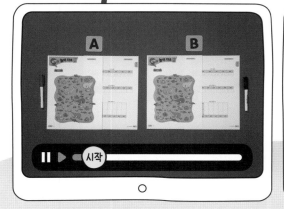
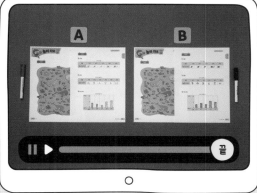

수업 내비게이션

📍 **개념 확인** 학생들이 자료를 보고 표와 막대그래프로 나타낼 수 있는지 확인해 봅니다.

📍 **지도 Tip** 그림판 의 동물을 종류별로 셀 때 서로 다른 모양으로 표시하면서 셀 수 있도록 지도합니다.

📍 **놀이 전략** 동물을 셀 때 같은 종류끼리 세면서 기록판 에 표시하는 것이 편리하다는 것을 발견하도록 합니다.

이럴 때는 이렇게 지도하세요!

수준별 지도

"너무 어려워요"라고 할 때는 이렇게!
그림판에서 각 동물의 이름을 나타낸 후 놀이를 진행할 수 있습니다.

"너무 쉬워요"라고 할 때는 이렇게!
그림판에서 찾아야 하는 동물의 종류를 늘려서 놀이를 진행할 수 있습니다.

온라인 수업 지도

학생들이 그림판에 있는 동물 중 좋아하는 동물 하나를 고른 후 한 명씩 돌아가면서 고른 동물을 말합니다. 학생들이 말한 동물의 수를 표와 막대그래프로 나타내는 놀이를 할 수 있습니다.

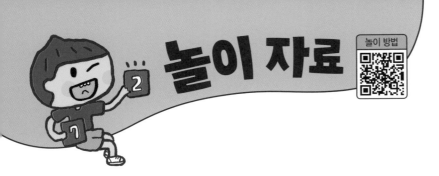

놀이 방법

놀이 자료

1명당 1장씩 필요합니다.

그림판

기록판

💡 표 ❶

바닷속 동물

동물	고래	꽃게	소라	문어	해마
세면서 표시하기	╳╳╳ ╳╳╳	╳╳╳ ╳╳╳	╳╳╳ ╳╳╳	╳╳╳ ╳╳╳	╳╳╳ ╳╳╳

💡 표 ❷

바닷속 동물의 수

동물	고래	꽃게	소라	문어	해마	합계
동물의 수(마리)						

💡 막대그래프

바닷속 동물의 수

내가 팅기기 왕

바둑돌을 팅겨서 나온 결과를 표와 막대그래프로 나타내고, 막대그래프를 보고 알 수 있는 내용을 설명하는 놀이

수업 나침반

학습 목표	자료를 조사하여 표와 막대그래프로 나타내는 놀이를 할 수 있습니다.
핵심 역량	☑문제 해결　☐추론　☐창의·융합 ☑의사소통　☑정보 처리　☑태도 및 실천
인원	2명이 1모둠(개인전)
준비물	과녁판 , 기록판 , 검은색 바둑돌 10개, 흰색 바둑돌 10개

놀이 방법

① 각자 과녁판 과 기록판 을 준비합니다.

② 책상 위에 과녁판 을 놓고 바둑돌을 팅기는 위치를 정합니다.

　주의 과녁판과 바둑돌을 팅기는 위치가 너무 멀지 않도록 주의합니다.

③ 순서를 정하여 첫 번째 사람이 과녁판 을 향해 바둑돌 1개를 팅깁니다.

④ 번갈아 가며 바둑돌을 1개씩 팅깁니다.

　참고 바둑돌을 팅길 때는 먼저 팅긴 바둑돌을 과녁판 밖으로 옮겨 놓지 않고, 바둑돌이 놓여 있는 상태에서 팅깁니다.

⑤ 바둑돌을 각각 10번씩 팅긴 후 나온 결과를 기록판 의 표와 막대그래프로 나타냅니다.

　참고 • 팅긴 바둑돌이 과녁판의 선에 놓이는 경우 상대방이 걸친 곳의 점수 중 하나를 정해 줍니다.
　　　 • 팅긴 바둑돌이 과녁판 밖으로 나가는 경우 점수를 얻지 못합니다.

⑥ 막대그래프를 보고 알 수 있는 내용 3가지를 기록판 에 적고, 상대방에게 설명합니다.

영상으로 놀이 방법을 쉽게 확인할 수 있어요~

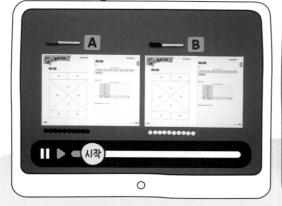

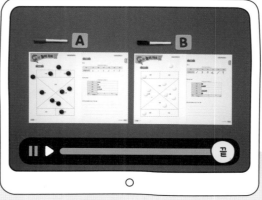

수업 내비게이션

📍 **개념 확인** 학생들이 자료를 조사하여 표와 막대그래프로 나타낼 수 있는지 확인해 봅니다.

📍 **지도 Tip** 기록판 의 막대그래프에서 가로 눈금 한 칸이 1개를 나타내고 있음을 알고 막대그래프를 그릴 수 있도록 지도합니다.

📍 **놀이 전략** 놀이를 시작하기 전에 바둑돌을 튕겨 과녁판 에 넣는 연습을 충분히 할 수 있도록 합니다.

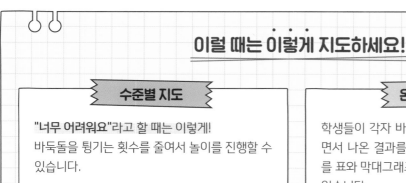

이럴 때는 이렇게 지도하세요!

수준별 지도

"너무 어려워요"라고 할 때는 이렇게!
바둑돌을 튕기는 횟수를 줄여서 놀이를 진행할 수 있습니다.

"너무 쉬워요"라고 할 때는 이렇게!
기록판의 표와 막대그래프를 완성한 후 얻은 총점수를 비교하는 놀이를 진행할 수 있습니다.

온라인 수업 지도

학생들이 각자 바둑돌을 한 번씩 튕긴 후 돌아가면서 나온 결과를 말합니다. 학생들이 말한 결과를 표와 막대그래프로 나타내는 놀이를 진행할 수 있습니다.

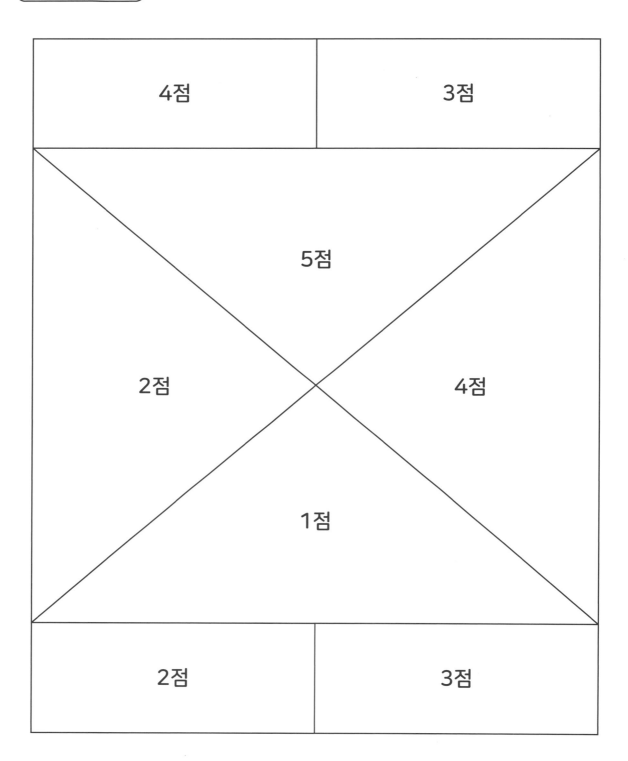

표

과녁판에 넣은 바둑돌의 수

점수	1점	2점	3점	4점	5점	합계
바둑돌의 수(개)						

막대그래프

과녁판에 넣은 바둑돌의 수

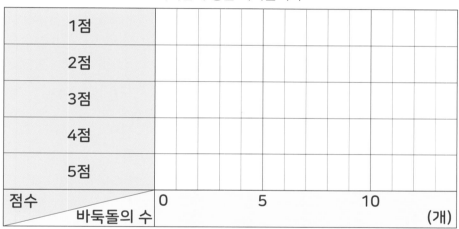

막대그래프를 보고 알 수 있는 내용

_____

_____

_____

_____

손으로 하는
수학 활동

_____ 학년 _____ 반 _____ 번

이름 _____

활동 1 연수의 일기를 읽고 3D 프린터를 이용하여 만든 선물의 수를 표와 막대그래프로 나타내어 보세요.

○ 월   ○ 일   ○ 요일   날씨 ☁️

오늘 3D 프린터를 이용하여 선물 만들기 활동을 하였다.

우리 반 친구들은 빗, 열쇠고리, 반지, 인형, 액자 중 한 가지를 골라 한 개씩 만들었다.

종류별로 만든 선물의 수를 세어 보니 빗은 4개, 열쇠고리는 5개, 반지는 10개, 인형은 2개, 액자는 3개였다. 그리고 만든 선물을 교실에 전시하였는데 친구들이 가장 받고 싶은 선물로 내가 만든 액자가 뽑혔다.

3D 프린터를 이용하여 만든 종류별 선물의 수

선물						합계
선물의 수(개)						

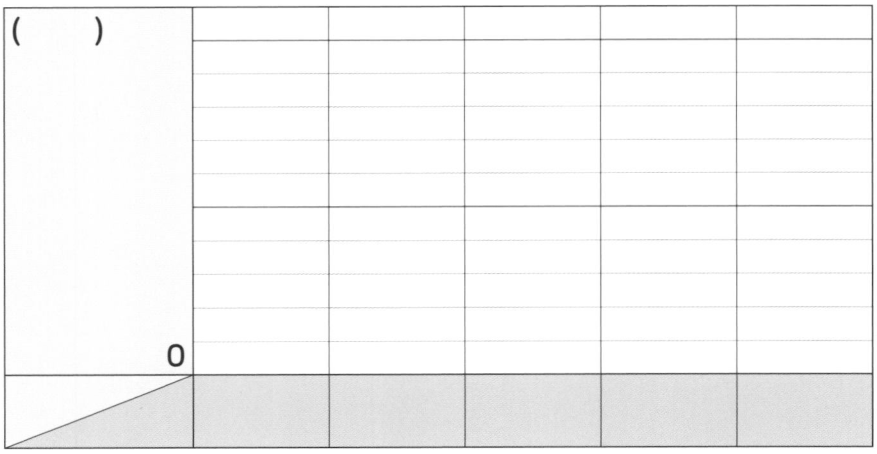

( )

0

활동2 지아네 초등학교의 다문화 학생 수를 조사하여 나타낸 막대그래프입니다. 막대그래프를 보고 바르게 설명한 것을 찾아 해당하는 글자를 ◯ 안에 차례대로 써 보세요.

다문화 학생 수

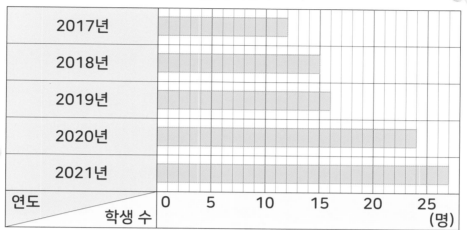

연도 \ 학생 수		
2017년		
2018년		
2019년		
2020년		
2021년		

(명)

가로 눈금 한 칸은 2명을 나타냅니다.	소
다문화 학생 수가 가장 많은 해는 2021년입니다.	다
2018년의 다문화 학생은 12명입니다.	아
2019년의 다문화 학생은 2017년의 다문화 학생보다 더 많습니다.	양
2020년의 다문화 학생 수는 2017년의 다문화 학생 수의 2배입니다.	성
2018년의 다문화 학생은 2020년의 다문화 학생보다 10명 더 적습니다.	로

답

도둑 잡기

도둑 카드에 적힌 규칙에 따라 도둑이 숨은 집을 가장 많이 찾는 사람이 이기는 놀이

수업 나침반

학습 목표	수 배열표에서 규칙에 따라 알맞은 수를 찾는 놀이를 할 수 있습니다.
핵심 역량	☑문제 해결 ☑추론 ☐창의·융합 ☑의사소통 ☑정보 처리 ☑태도 및 실천
인원	2~4명이 1모둠(개인전)
준비물	놀이판 , 도둑 카드

놀이 방법

① 도둑 카드 더미를 책상 위에 뒷면이 보이게 놓습니다.

② 순서를 정하여 첫 번째 사람이 도둑 카드 한 장을 뒤집습니다.

　참고 도둑 카드를 뒤집을 때는 카드 더미에서 맨 위에 있는 카드를 뒤집습니다.

③ 뒤집은 도둑 카드 에 적힌 규칙을 보고 놀이판 에서 도둑이 숨은 집을 다 같이 찾습니다.

④ 도둑이 숨은 집을 찾은 사람은 "잡았다"를 외치고 도둑이 숨은 집의 호수를 말합니다.

⑤ 도둑이 숨은 집을 바르게 찾았으면 도둑 카드 를 가져가고, 그렇지 않으면 상대방에게 기회가 넘어갑니다. 이때 상대방도 도둑이 숨은 집을 바르게 찾지 못하면 뒤집은 도둑 카드 를 카드 더미 밑에 넣습니다.

　주의 도둑이 숨은 집을 동시에 찾은 경우에는 가위바위보를 하여 이긴 사람이 도둑 카드를 가져갑니다.

⑥ 더 이상 뒤집을 도둑 카드 가 없을 때까지 번갈아 가며 놀이를 계속합니다.

⑦ 도둑 카드 를 가장 많이 가져간 사람이 이깁니다.

영상으로 놀이 방법을 쉽게 확인할 수 있어요~

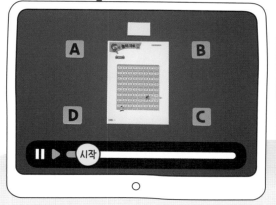
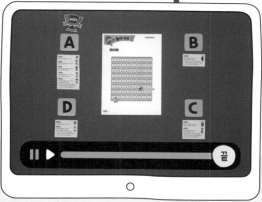

수업 내비게이션

📍 **개념 확인** 학생들이 수의 배열에서 규칙을 찾을 수 있는지 확인해 봅니다.

📍 **지도 Tip** 도둑 카드 를 가져갈 때 상대방에게 도둑이 숨은 집을 어떻게 찾았는 지 놀이판 의 수 배열의 규칙을 이용하여 설명할 수 있도록 지도합 니다.

📍 **놀이 전략** 도둑 카드 에 적힌 규칙은 시작 호수에서 호수가 작아지거나 커지는 방향과 호수의 일의 자리 숫자나 백의 자리 숫자를 확인해야 함을 알도록 합니다.

이럴 때는 이렇게 지도하세요!

수준별 지도

"너무 어려워요"라고 할 때는 이렇게!
2명이 한 팀이 되어 팀끼리의 대결로 놀이를 진행 할 수 있습니다.

"너무 쉬워요"라고 할 때는 이렇게!
도둑 카드를 직접 만들어 놀이를 진행할 수 있습 니다.

온라인 수업 지도

교사가 도둑 카드 한 장을 화면에 제시합니다. 학생 들은 도둑 카드에 적힌 규칙을 보고 자신의 놀이 판에서 도둑이 숨은 집을 찾아 ○표를 하면서 놀 이를 진행할 수 있습니다.

놀이판

801	802	803	804	805	806	807	808
701	702	703	704	705	706	707	708
601	602	603	604	605	606	607	608
501	502	503	504	505	506	507	508
401	402	403	404	405	406	407	408
301	302	303	304	305	306	307	308
201	202	203	204	205	206	207	208
101	102	103	104	105	106	107	108

내가 숨은 집을 찾아봐!

도둑 카드

사탕 도둑

101호에서 출발하여 호수가 1씩
커지는 방향으로 도망쳤어.
→ 일의 자리 숫자가 5인 곳에서 방향을
　바꾸어 100씩 커지는 방향으로 도망쳤어.
→ 백의 자리 숫자가 5인 집에 숨었어.

젤리 도둑

108호에서 출발하여 호수가 100씩
커지는 방향으로 도망쳤어.
→ 백의 자리 숫자가 4인 곳에서 방향을
　바꾸어 1씩 작아지는 방향으로 도망쳤어.
→ 일의 자리 숫자가 6인 집에 숨었어.

도넛 도둑

206호에서 출발하여 호수가 1씩
작아지는 방향으로 도망쳤어.
→ 일의 자리 숫자가 2인 곳에서 방향을
　바꾸어 100씩 커지는 방향으로 도망쳤어.
→ 백의 자리 숫자가 7인 집에 숨었어.

피자 도둑

301호에서 출발하여 호수가 1씩
커지는 방향으로 도망쳤어.
→ 일의 자리 숫자가 7인 곳에서 방향을
　바꾸어 100씩 작아지는 방향으로 도망쳤어.
→ 백의 자리 숫자가 2인 집에 숨었어.

치킨 도둑

406호에서 출발하여 호수가 100씩
작아지는 방향으로 도망쳤어.
→ 백의 자리 숫자가 2인 곳에서 방향을
　바꾸어 1씩 커지는 방향으로 도망쳤어.
→ 일의 자리 숫자가 8인 집에 숨었어.

콜라 도둑

501호에서 출발하여 호수가 1씩
커지는 방향으로 도망쳤어.
→ 일의 자리 숫자가 6인 곳에서 방향을
　바꾸어 100씩 커지는 방향으로 도망쳤어.
→ 백의 자리 숫자가 7인 집에 숨었어.

김밥 도둑

608호에서 출발하여 호수가 100씩
커지는 방향으로 도망쳤어.
→ 백의 자리 숫자가 8인 곳에서 방향을
　바꾸어 1씩 작아지는 방향으로 도망쳤어.
→ 일의 자리 숫자가 4인 집에 숨었어.

치즈 도둑

703호에서 출발하여 호수가 1씩
작아지는 방향으로 도망쳤어.
→ 일의 자리 숫자가 1인 곳에서 방향을
　바꾸어 100씩 작아지는 방향으로 도망쳤어.
→ 백의 자리 숫자가 4인 집에 숨었어.

사과 도둑

801호에서 출발하여 호수가 100씩
작아지는 방향으로 도망쳤어.
→ 백의 자리 숫자가 6인 곳에서 방향을
　바꾸어 1씩 커지는 방향으로 도망쳤어.
→ 일의 자리 숫자가 7인 집에 숨었어.

수박 도둑

808호에서 출발하여 호수가 1씩
작아지는 방향으로 도망쳤어.
→ 일의 자리 숫자가 3인 곳에서 방향을
　바꾸어 100씩 작아지는 방향으로 도망쳤어.
→ 백의 자리 숫자가 3인 집에 숨었어.

기억력 쑥쑥! 이어질 카드 찾기

배열 카드에 그려진 모양의 배열을 보고 넷째에 알맞은 모양 카드를 찾는 놀이

수업 나침반

학습 목표	도형의 배열에서 규칙에 따라 알맞은 모양을 찾는 놀이를 할 수 있습니다.
핵심 역량	☑문제 해결　　☑추론　　☐창의·융합 ☑의사소통　　☑정보 처리　　☑태도 및 실천
인원	2명이 1모둠(개인전)
준비물	배열 카드 , 모양 카드

놀이 방법

① 배열 카드 와 모양 카드 를 각각 잘 섞은 후 책상 위에 2장씩 5줄로 뒷면이 보이게 놓습니다.

② 가위바위보를 하여 순서를 정합니다.

③ 이긴 사람부터 배열 카드 와 모양 카드 를 각각 한 장씩 골라 앞면이 보이게 뒤집습니다.

④ 뒤집은 카드 2장에서 모양 카드 가 배열 카드 의 넷째에 알맞은 모양이면 카드를 가져가고, 알맞지 않은 모양이면 카드를 다시 제자리에 뒷면이 보이게 놓습니다.

⑤ 배열 카드 와 모양 카드 가 모두 없어질 때까지 번갈아 가며 놀이를 계속합니다.

⑥ 배열 카드 와 모양 카드 를 더 많이 가져간 사람이 이깁니다.

영상으로 놀이 방법을 쉽게 확인할 수 있어요~

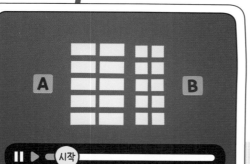

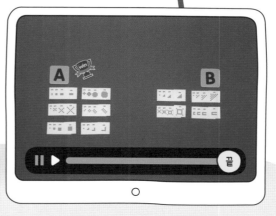

수업 내비게이션

📍 **개념 확인** 학생들이 도형의 배열에서 규칙을 찾을 수 있는지 확인해 봅니다.

📍 **지도 Tip** [배열 카드]와 [모양 카드]를 짝 맞추어 가져갈 때 상대방에게 [배열 카드]에서 찾은 규칙을 설명할 수 있도록 지도합니다.

📍 **놀이 전략** 고른 [배열 카드]와 [모양 카드]가 짝이 맞지 않아 카드를 다시 제자리에 뒷면이 보이게 놓을 때는 다음 순서를 위해 카드의 내용과 위치를 기억할 수 있도록 합니다.

이럴 때는 이렇게 지도하세요!

수준별 지도

"너무 어려워요"라고 할 때는 이렇게!
배열 카드와 모양 카드를 각각 잘 섞어 앞면이 보이게 펼쳐 놓고 놀이를 진행할 수 있습니다.

"너무 쉬워요"라고 할 때는 이렇게!
가위바위보를 하여 순서를 정하고, 이긴 사람부터 배열 카드를 한 장씩 뒤집어 넷째에 이어질 모양을 그립니다. 그린 모양이 넷째에 알맞으면 카드를 가져가고, 알맞지 않으면 상대방에게 기회가 넘어갑니다. 이때 카드를 더 많이 가져간 사람이 이기는 놀이를 진행할 수 있습니다.

온라인 수업 지도

교사가 배열 카드 한 장을 화면에 제시합니다. 학생들은 배열 카드의 넷째에 알맞은 모양을 자신의 모양 카드에서 찾아 화면에 비추면서 놀이를 진행할 수 있습니다.

배열 카드

첫째	둘째	셋째	넷째
			?

첫째	둘째	셋째	넷째
			?

첫째	둘째	셋째	넷째
			?

첫째	둘째	셋째	넷째
			?

첫째	둘째	셋째	넷째
			?

첫째	둘째	셋째	넷째
			?

첫째	둘째	셋째	넷째
			?

첫째	둘째	셋째	넷째
			?

첫째	둘째	셋째	넷째
			?

첫째	둘째	셋째	넷째
			?

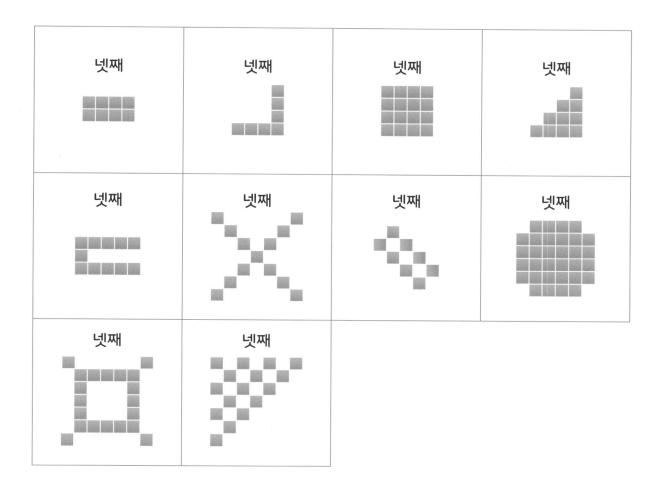

모양 카드

_____ 학년 _____ 반 _____ 번

이름 _____

활동 1 성냥개비를 규칙에 따라 놓았습니다. 성냥개비의 배열에서 규칙을 찾아 쓰고, 다섯째에 알맞은 모양을 그려 보세요.

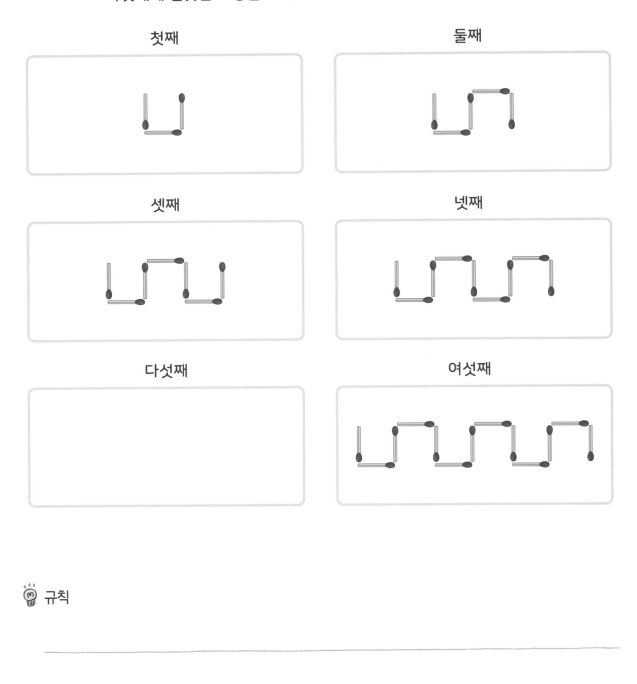

첫째

둘째

셋째

넷째

다섯째

여섯째

💡 규칙

_____

_____

활동 2

규칙에 맞는 수의 배열을 찾아 색칠하고, 숨은 글자가 무엇인지 ( ) 안에 써 보세요.

규칙

① 135부터 50씩 커지는 4개의 수를 찾아 색칠합니다.

② 135부터 60씩 커지는 4개의 수를 찾아 색칠합니다.

③ 440부터 5씩 커지는 4개의 수를 찾아 색칠합니다.

④ 490부터 5씩 작아지는 4개의 수를 찾아 색칠합니다.

⑤ 685부터 55씩 작아지는 4개의 수를 찾아 색칠합니다.

110	115	120	125	130	135	140	145	150	155	160
165	170	175	180	185	190	195	200	205	210	215
220	225	230	235	240	245	250	255	260	265	270
275	280	285	290	295	300	305	310	315	320	325
330	335	340	345	350	355	360	365	370	375	380
385	390	395	400	405	410	415	420	425	430	435
440	445	450	455	460	465	470	475	480	485	490
495	500	505	510	515	520	525	530	535	540	545
550	555	560	565	570	575	580	585	590	595	600
605	610	615	620	625	630	635	640	645	650	655
660	665	670	675	680	685	690	695	700	705	710

답

분수의 덧셈 뺄셈 도미노

도미노 카드에 있는 그림과 식을 보고 카드를 연결할 때 카드를 모두 내려놓거나
남은 카드가 더 적은 사람이 이기는 놀이

학습 목표	여러 가지 그림을 통해 분모가 같은 분수의 덧셈과 뺄셈의 계산 원리를 알아보는 놀이를 할 수 있습니다.

핵심 역량	☑ 문제 해결　　☑ 추론　　☐ 창의·융합 ☑ 의사소통　　☐ 정보 처리　　☑ 태도 및 실천

인원	2명이 1모둠(개인전)

준비물	도미노 카드

① 도미노 카드 를 잘 섞은 후 4장씩 나누어 갖고, 남은 카드 더미는 책상 위에 뒷면이 보이게 놓습니다.

② 순서를 정하여 첫 번째 사람이 자신의 도미노 카드 한 장을 앞면이 보이게 내려놓습니다.

③ 다음과 같은 규칙으로 번갈아 가며 도미노 카드 한 장을 내려놓습니다. 이때 내려놓을 카드가 없으면 카드 더미에서 카드 한 장을 가져갑니다.

- 놓여 있는 도미노 카드 에 적힌 식에 알맞은 그림이 그려진 카드를 서로 연결되도록 오른쪽에 내려놓습니다.

$1\frac{2}{8}+\frac{3}{8}$　　$3\frac{1}{5}-1\frac{2}{5}$

식에 알맞은 그림

- 놓여 있는 도미노 카드 에 그려진 그림에 알맞은 식이 적힌 카드를 서로 연결되도록 왼쪽에 내려놓습니다.

$1\frac{1}{9}+\frac{7}{9}$　　$1\frac{2}{8}+\frac{3}{8}$

그림에 알맞은 식

주의 놓여 있는 도미노 카드의 위와 아래로는 연결할 수 없습니다.

④ 한 명이라도 더 이상 내려놓을 도미노 카드 가 없을 때까지 놀이를 계속합니다.

⑤ 남은 도미노 카드 가 더 적은 사람이 이깁니다.

영상으로 놀이 방법을 쉽게 확인할 수 있어요~

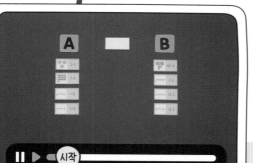

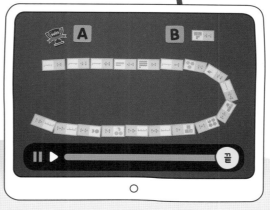

수업 내비게이션

○ **개념 확인** 학생들이 분모가 같은 분수의 덧셈과 뺄셈을 여러 가지 그림으로 나타내어 계산할 수 있는지 확인해 봅니다.

○ **지도 Tip** 분수의 개념 이해를 바탕으로 영역 모델 또는 수직선 모델을 통해 분수의 덧셈과 뺄셈의 계산 원리를 이해하도록 지도합니다.

○ **놀이 전략** 놓여 있는 도미노 카드와 연결할 수 있는 도미노 카드를 찾을 때 그림이 나누어진 칸 수와 분수의 분모를 비교해 보면 알맞은 도미노 카드를 쉽게 찾을 수 있다는 것을 발견하도록 합니다.

이럴 때는 이렇게 지도하세요!

수준별 지도

"너무 어려워요"라고 할 때는 이렇게!
도미노 카드에 그려진 그림에 알맞은 식을 적은 후 놀이를 진행할 수 있습니다.

"너무 쉬워요"라고 할 때는 이렇게!
학생들이 각자 도미노 카드를 20장씩 갖고, 정해진 시간 동안 누가 도미노 카드를 더 길게 연결하는지 학급 전체 학생들끼리의 대결로 놀이를 진행할 수 있습니다.

온라인 수업 지도

교사가 도미노 카드 한 장을 제시하면 학생들은 카드의 식에 알맞은 그림이나 그림에 알맞은 식을 자신의 도미노 카드에서 찾아 화면에 비추면서 놀이를 진행할 수 있습니다.

놀이 자료

놀이 방법

도미노 카드

 $1\dfrac{2}{8}+\dfrac{3}{8}$

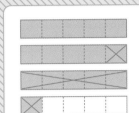 $\dfrac{3}{7}+\dfrac{4}{7}$

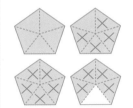 $\dfrac{1}{7}+\dfrac{2}{7}$

$1\dfrac{5}{6}+1\dfrac{1}{6}$

$\dfrac{1}{2}+2\dfrac{1}{2}$

$\dfrac{1}{4}+\dfrac{1}{4}$

$1\dfrac{1}{3}+1\dfrac{1}{3}$

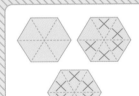 $2\dfrac{2}{5}+1\dfrac{1}{5}$

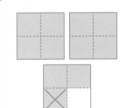 $\dfrac{5}{8}+\dfrac{7}{8}$

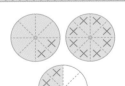

 $1\dfrac{2}{9}+2\dfrac{8}{9}$

$$\frac{2}{3} - \frac{1}{3}$$

$$1\frac{1}{9} - \frac{7}{9}$$

$$2 - \frac{1}{2}$$

$$\frac{5}{8} - \frac{3}{8}$$

$$2\frac{3}{4} - \frac{1}{4}$$

$$2\frac{5}{8} - 1\frac{7}{8}$$

$$3\frac{4}{5} - 2\frac{3}{5}$$

$$2\frac{5}{7} - 1\frac{2}{7}$$

$$3 - 1\frac{5}{6}$$

$$3\frac{1}{5} - 1\frac{2}{5}$$

친구 찾아 자연수 완성하기

두 분수의 합 또는 차가 자연수가 되는 분수 카드를 더 많이 찾는 사람이 이기는 놀이

수업 나침반

학습 목표	분모가 같은 분수의 덧셈과 뺄셈의 계산 원리를 이해하여 놀이를 할 수 있습니다.
핵심 역량	☐ 문제 해결　☑ 추론　☑ 창의·융합 ☑ 의사소통　☐ 정보 처리　☑ 태도 및 실천
인원	학급 전체(개인전)
준비물	분수 카드 , 기록판

놀이 방법

① 분수 카드 한 장에 분모가 7인 진분수 또는 대분수를 적습니다. 이때 대분수의 자연수 부분에는 1부터 9까지의 자연수 중 하나를 적습니다.

참고 분수 카드는 적으려고 하는 분수의 종류에 알맞게 골라 사용합니다.

② 선생님이 "시작"이라고 외치면 분수 카드 를 가지고 교실을 돌아다닙니다. 이때 만난 친구와 서로 카드를 보여 줍니다.

③ 두 분수 카드 에 적힌 분수의 합 또는 차가 자연수이면 기록판 에 친구의 이름과 계산 결과가 자연수가 되는 계산식을 적습니다.

④ 두 분수의 합 또는 차가 자연수가 되는 분수 카드 를 가지고 있는 친구를 더 찾아봅니다.

⑤ 선생님이 "그만"이라고 외칠 때까지 놀이를 계속합니다.

⑥ 두 분수 카드 에 적힌 분수의 합 또는 차가 자연수가 되도록 친구를 가장 많이 찾은 사람이 이깁니다.

영상으로 놀이 방법을 쉽게 확인할 수 있어요~

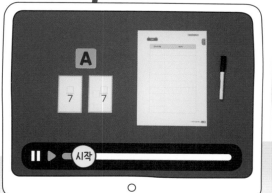

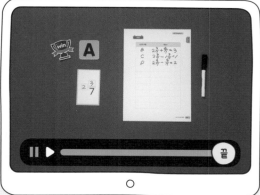

수업 내비게이션

♦ **개념 확인** 학생들이 분모가 같은 분수의 덧셈과 뺄셈의 계산 원리를 이해하고 계산할 수 있는지 확인해 봅니다.

♦ **지도 Tip** 분수 카드 를 가지고 교실을 돌아다닐 때 친구와 부딪히지 않도록 지도합니다.

♦ **놀이 전략** • 두 분수의 합이 자연수가 되려면 분수 부분끼리 더한 결과가 자연수이어야 한다는 것을 발견하도록 합니다.
• 두 대분수의 차 또는 대분수와 진분수의 차가 자연수가 되려면 분수 부분끼리 뺀 결과가 0이어야 한다는 것을 발견하도록 합니다.

이럴 때는 이렇게 지도하세요!

수준별 지도

"너무 어려워요"라고 할 때는 이렇게!
분수 카드 한 장에 분모가 7인 진분수를 적고 두 분수의 합이 1이 되도록 친구를 찾는 놀이로 진행할 수 있습니다.

"너무 쉬워요"라고 할 때는 이렇게!
교사는 분모가 7인 분수 하나를 정하고, 학생들은 각자 분수 카드에 분수를 적습니다. 두 분수의 합 또는 차가 교사가 정한 분수가 되도록 친구를 찾는 놀이로 진행할 수 있습니다.

온라인 수업 지도

각자 분수 카드 한 장에 분모가 7인 분수를 만들고, 만든 분수를 화면에 비춥니다. 한 사람씩 돌아가면서 자신이 만든 분수와 합 또는 차가 자연수가 되는 분수를 만든 친구를 찾는 놀이로 진행할 수 있습니다.

놀이 방법

분수 카드

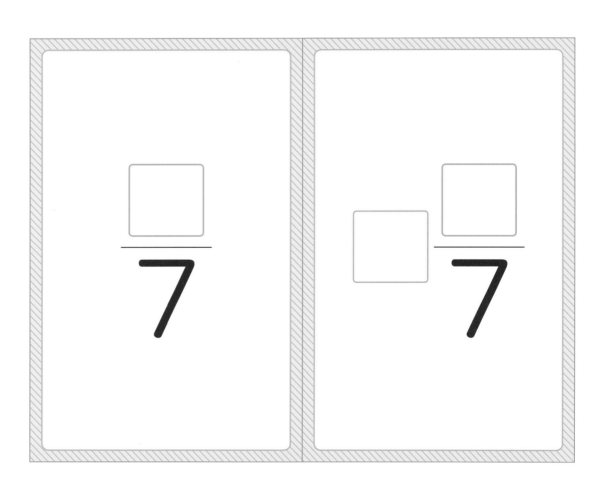

친구의 이름	계산식

_____ 학년 _____ 반 _____ 번

이름 _____

활동 1 분수의 합 또는 차를 구하여 계산 결과에 따라 알맞은 색으로 해당하는 칸을 칠해 보세요.

$\dfrac{2}{3}$: 주황색 $3\dfrac{1}{3}$: 노란색 $\dfrac{3}{5}$: 빨간색 $1\dfrac{2}{5}$: 하늘색

활동 2 개미가 가져온 먹이에 적힌 분수와 굴 안에 적힌 분수를 보고 개미가 어느 굴로 갈지 길을 따라 선을 그어 보세요.

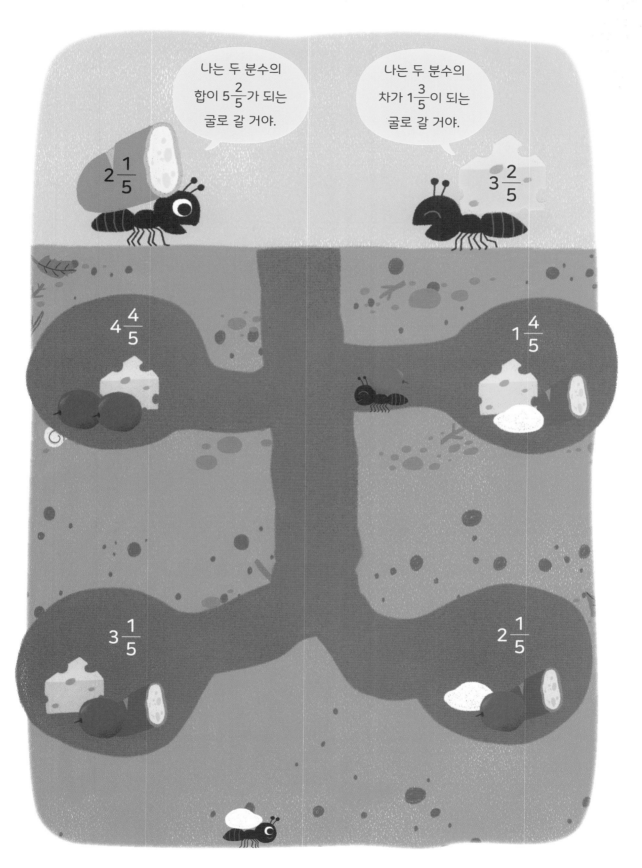

찾아 찾아~ 삼각형!

이등변삼각형(또는 정삼각형)을 더 많이 찾는 사람이 이기는 놀이

수업 나침반

학습 목표	이등변삼각형(또는 정삼각형)의 뜻과 성질을 이해하여 놀이를 할 수 있습니다.

핵심 역량	☐ 문제 해결 ☑ 추론 ☑ 창의·융합 ☑ 의사소통 ☐ 정보 처리 ☑ 태도 및 실천

인원	2명이 1모둠(개인전)

준비물	이등변삼각형 그림판 (또는 정삼각형 그림판), 색이 다른 색연필 2자루

놀이 방법

① 색연필을 한 자루씩 고릅니다.

② 선생님이 "시작"이라고 외치면 각자 이등변삼각형 그림판 에서 이등변삼각형을 찾아 자신이 고른 색연필로 색칠합니다.

③ 선생님이 "그만"이라고 외치면 상대방과 이등변삼각형 그림판 을 바꾼 후 찾은 도형이 이등변삼각형이 맞는지 확인합니다. 이때 이등변삼각형이 아니면 색칠한 도형에 ×표를 합니다.

④ 이등변삼각형을 더 많이 찾아 색칠한 사람이 이깁니다.

(참고) 같은 방법으로 정삼각형 그림판에서 정삼각형을 찾는 놀이를 할 수 있습니다.

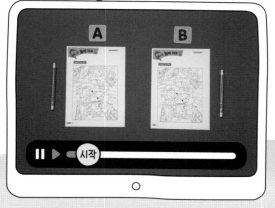

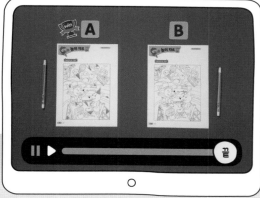

영상으로 놀이 방법을 쉽게 확인할 수 있어요~

수업 내비게이션

📍 **개념 확인** 학생들이 이등변삼각형(또는 정삼각형)의 뜻과 성질을 알고 있는지 확인해 봅니다.

📍 **지도 Tip** 정삼각형은 이등변삼각형이라고 할 수 있으므로 학생들이 이등변삼각형을 찾을 때 정삼각형을 빠뜨리지 않고 찾을 수 있도록 지도합니다.

📍 **놀이 전략** 먼저 삼각형을 찾은 후 삼각형의 세 변의 길이 또는 세 각의 크기를 비교해 보도록 합니다.

이럴 때는 이렇게 지도하세요!

수준별 지도

"너무 어려워요"라고 할 때는 이렇게!
2명이 한 팀이 되어 팀끼리의 대결로 놀이를 진행할 수 있습니다.

"너무 쉬워요"라고 할 때는 이렇게!
그림판에서 도형을 바르게 찾았는지 확인할 때 이등변삼각형(또는 정삼각형)이 맞으면 1점을 얻고, 틀리면 1점을 잃습니다. 이때 얻은 점수가 더 큰 사람이 이기는 놀이를 진행할 수 있습니다.

온라인 수업 지도

교사가 "시작"이라고 외치면 학생들은 자신의 이등변삼각형 그림판(또는 정삼각형 그림판)에서 이등변삼각형(또는 정삼각형)을 찾아 색칠합니다.
교사가 "그만"이라고 외치고, 화면에 이등변삼각형(또는 정삼각형)이 모두 표시된 그림판을 보여 줍니다.
학생들은 화면을 보고 맞게 색칠한 이등변삼각형(또는 정삼각형)의 개수를 세어 말하고, 이때 가장 많이 찾은 사람이 이기는 놀이를 진행할 수 있습니다.

이등변삼각형 그림판

정삼각형 그림판

샌드위치 주문이요

주문서 카드에 알맞은 샌드위치 카드를 가장 많이 모으는 사람이 이기는 놀이

수업 나침반

학습 목표	예각삼각형, 직각삼각형, 둔각삼각형을 알고, 분류하며 놀이를 할 수 있습니다.
핵심 역량	☐ 문제 해결 ☑ 추론 ☐ 창의·융합 ☑ 의사소통 ☑ 정보 처리 ☑ 태도 및 실천
인원	2~4명이 1모둠(개인전)
준비물	샌드위치 카드 , 주문서 카드

놀이 방법

① 샌드위치 카드 는 앞면이 보이게 펼쳐 놓고, 주문서 카드 더미는 뒷면이 보이게 놓습니다.

② 순서를 정하여 첫 번째 사람이 주문서 카드 한 장을 뒤집습니다.

　참고 주문서 카드를 뒤집을 때는 카드 더미에서 맨 위에 있는 카드를 뒤집습니다.

③ 뒤집은 주문서 카드 에 적힌 내용을 보고 알맞은 샌드위치 카드 를 가장 빨리 찾는 사람이 샌드위치 카드 를 가져갑니다.

　참고 샌드위치 카드를 여러 명이 동시에 찾은 경우에는 가위바위보를 하여 이긴 사람이 가져갑니다.

④ 가져간 샌드위치 카드 가 뒤집은 주문서 카드 의 내용에 알맞은지 확인합니다. 이때 알맞지 않으면 샌드위치 카드 를 제자리에 놓은 다음 모든 사람이 다시 알맞은 샌드위치 카드 를 찾습니다.

⑤ 더 이상 뒤집을 주문서 카드 가 없을 때까지 놀이를 계속합니다.

⑥ 샌드위치 카드 를 가장 많이 가져간 사람이 이깁니다.

 영상으로 놀이 방법을 쉽게 확인할 수 있어요~

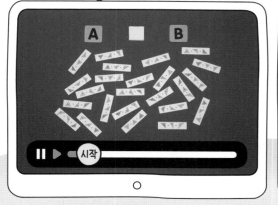
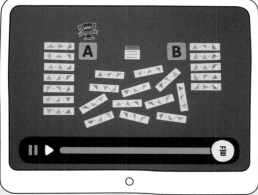

수업
내비게이션

📍 **개념 확인**　학생들이 예각삼각형, 직각삼각형, 둔각삼각형을 알고, 분류할 수 있는지 확인해 봅니다.

📍 **지도 Tip**　삼각형은 각의 크기에 따라 예각삼각형, 직각삼각형, 둔각삼각형으로 분류됨을 알고, 이를 활용하여 알맞은 샌드위치 카드 를 찾을 수 있도록 지도합니다.

📍 **놀이 전략**　삼각형을 예각, 직각, 둔각의 개수에 따라 예각삼각형, 직각삼각형, 둔각삼각형으로 분류할 수 있음을 알도록 합니다.

이럴 때는 이렇게 지도하세요!

수준별 지도

"너무 어려워요"라고 할 때는 이렇게!
순서를 정하여 주문서 카드를 뒤집은 사람만 샌드위치 카드를 찾는 놀이로 진행할 수 있습니다.

"너무 쉬워요"라고 할 때는 이렇게!
한 명이 주문서 카드를 만들어 제시하면 나머지 사람들은 주문서 카드에 적힌 내용에 알맞게 샌드위치 카드를 그리는 놀이로 진행할 수 있습니다.

온라인 수업 지도

교사가 주문서 카드 한 장을 화면에 비추면 학생들은 주문서 카드의 내용에 알맞은 샌드위치 카드를 찾아 화면에 비추면서 놀이를 진행할 수 있습니다.

샌드위치 카드

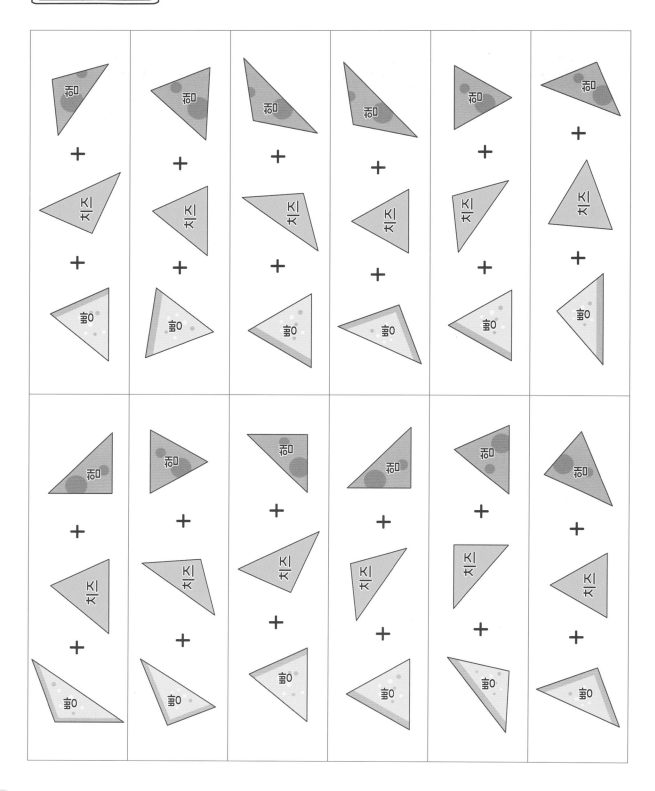

놀이 자료

1모둠에 1장씩 필요합니다.

주문서 카드

🥪 샌드위치 주문서	🥪 샌드위치 주문서	🥪 샌드위치 주문서
✓ 둔각삼각형 모양의 빵 ✓ 예각삼각형 모양의 치즈 ✓ 직각삼각형 모양의 햄	✓ 예각삼각형 모양의 빵 ✓ 직각삼각형 모양의 치즈 ✓ 둔각삼각형 모양의 햄	✓ 직각삼각형 모양의 빵 ✓ 둔각삼각형 모양의 치즈 ✓ 예각삼각형 모양의 햄
🥪 샌드위치 주문서	🥪 샌드위치 주문서	🥪 샌드위치 주문서
✓ 예각삼각형 모양의 빵 ✓ 둔각삼각형 모양의 치즈 ✓ 직각삼각형 모양의 햄	✓ 직각삼각형 모양의 빵 ✓ 예각삼각형 모양의 치즈 ✓ 둔각삼각형 모양의 햄	✓ 둔각삼각형 모양의 빵 ✓ 직각삼각형 모양의 치즈 ✓ 예각삼각형 모양의 햄
🥪 샌드위치 주문서	🥪 샌드위치 주문서	🥪 샌드위치 주문서
✓ 직각삼각형 모양의 빵 ✓ 직각삼각형 모양의 치즈 ✓ 직각삼각형 모양의 햄	✓ 둔각삼각형 모양의 빵 ✓ 둔각삼각형 모양의 치즈 ✓ 둔각삼각형 모양의 햄	✓ 예각삼각형 모양의 빵 ✓ 예각삼각형 모양의 치즈 ✓ 둔각삼각형 모양의 햄
🥪 샌드위치 주문서	🥪 샌드위치 주문서	🥪 샌드위치 주문서
✓ 직각삼각형 모양의 빵 ✓ 둔각삼각형 모양의 치즈 ✓ 직각삼각형 모양의 햄	✓ 직각삼각형 모양의 빵 ✓ 둔각삼각형 모양의 치즈 ✓ 둔각삼각형 모양의 햄	✓ 예각삼각형 모양의 빵 ✓ 직각삼각형 모양의 치즈 ✓ 예각삼각형 모양의 햄

손으로 하는
수학 활동

활동 1 버스가 ☐ 안에 알맞은 수나 말을 따라 정류장까지 가려고 합니다. 어느 길로 가야 하는지 선을 그어 보세요.

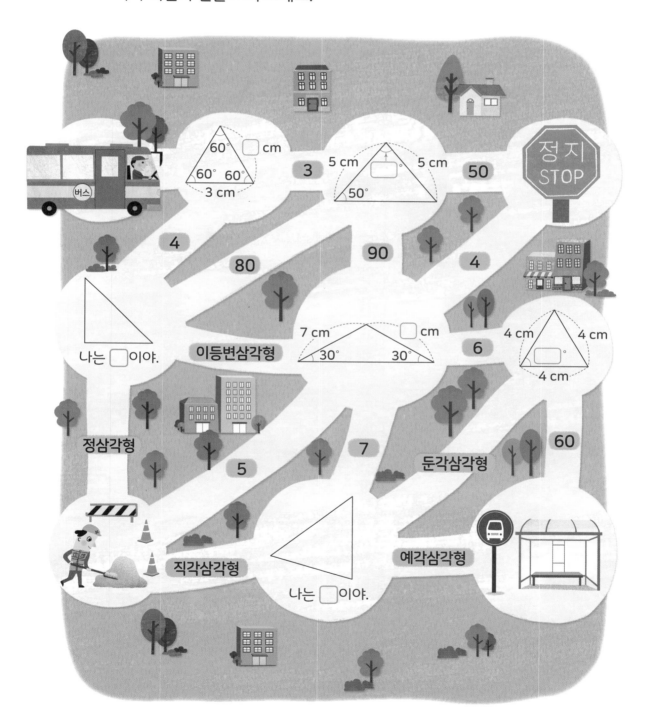

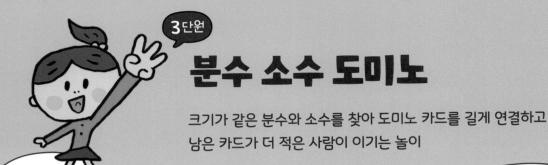

분수 소수 도미노

크기가 같은 분수와 소수를 찾아 도미노 카드를 길게 연결하고
남은 카드가 더 적은 사람이 이기는 놀이

수업 나침반

학습 목표	소수 두 자리 수를 이해하여 놀이를 할 수 있습니다.
핵심 역량	☑ 문제 해결 　　 ☑ 추론 　　 ☐ 창의·융합 ☑ 의사소통 　 ☐ 정보 처리 　 ☑ 태도 및 실천
인원	2명이 1모둠(개인전)
준비물	도미노 카드

놀이 방법

① 도미노 카드 를 잘 섞은 후 각각 10장씩 나누어 갖고, 남은 카드 더미는 책상 위에 뒷면이 보이게 놓습니다.

② 순서를 정하여 한 사람이 먼저 자신의 도미노 카드 한 장을 앞면이 보이게 내려놓습니다.

③ 다음 차례의 사람은 다음과 같이 도미노 카드 한 장을 내려놓습니다. 이때 내려놓을 카드가 없으면 카드 더미에서 카드 한 장을 가져갑니다.

　• 놓여 있는 도미노 카드 에 적힌 분수와 크기가 같은 소수가 적힌 카드를 서로 연결되도록 오른쪽에 내려놓습니다.

분수와 크기가 같은 소수

　• 놓여 있는 도미노 카드 에 적힌 소수와 크기가 같은 분수가 적힌 카드를 서로 연결되도록 왼쪽에 내려놓습니다.

　주의 놓여 있는 카드의 위와 아래로는 카드를 서로 연결할 수 없습니다.

소수와 크기가 같은 분수

④ 번갈아 가며 카드가 연결되도록 내려놓습니다.

⑤ 한 사람이라도 내려놓을 도미노 카드 가 없을 때까지 놀이를 계속합니다.

⑥ 남은 도미노 카드 가 더 적은 사람이 이깁니다.

영상으로 놀이 방법을 쉽게 확인할 수 있어요~

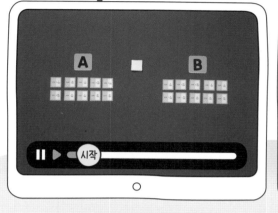

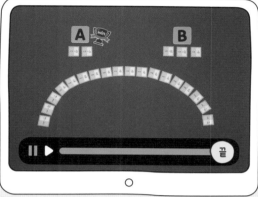

수업 내비게이션

📍 **개념 확인** 학생들이 분모가 100인 분수를 소수 두 자리 수로 바꿀 수 있는지 확인해 봅니다.

📍 **지도 Tip** 분수와 소수의 관계를 이해하고 놀이를 할 수 있도록 지도합니다.

📍 **놀이 전략** 책상 위에 놓인 도미노 카드 를 보고 자신이 들고 있는 카드 중에서 크기가 같은 분수 또는 소수가 적힌 카드가 있는지 미리 확인하면 더 쉽게 카드를 연결할 수 있음을 발견하도록 합니다.

이럴 때는 이렇게 지도하세요!

수준별 지도

"너무 어려워요"라고 할 때는 이렇게!
크기가 같은 분수와 소수가 적힌 도미노 카드의 장수를 늘려서 진행할 수 있습니다.

"너무 쉬워요"라고 할 때는 이렇게!
분모가 1000인 분수와 소수 세 자리 수가 적힌 도미노 카드로 바꾸어 진행할 수 있습니다.

온라인 수업 지도

교사가 도미노 카드를 잘 섞은 후 화면에 제시하면 학생들은 정한 순서대로 주석 기능을 활용하여 크기가 같은 분수와 소수를 찾아 화면에 ○표 하는 방법으로 진행할 수 있습니다.

도미노 카드

0.01 $\dfrac{1}{100}$	0.01 $\dfrac{85}{100}$	0.85 $\dfrac{3}{100}$	0.03 $\dfrac{52}{100}$
0.52 $\dfrac{17}{100}$	0.17 $\dfrac{99}{100}$	0.99 $\dfrac{68}{100}$	0.68 $\dfrac{22}{100}$
0.22 $\dfrac{35}{100}$	0.35 $\dfrac{74}{100}$	0.74 $\dfrac{6}{100}$	0.06 $\dfrac{81}{100}$
0.81 $\dfrac{9}{100}$	0.09 $\dfrac{5}{100}$	0.05 $\dfrac{83}{100}$	0.83 $\dfrac{91}{100}$
0.91 $1\dfrac{9}{100}$	1.09 $1\dfrac{85}{100}$	1.85 $1\dfrac{52}{100}$	1.52 $1\dfrac{96}{100}$

1.96	$2\frac{35}{100}$	2.35	$2\frac{74}{100}$	2.74	$2\frac{6}{100}$	2.06	$2\frac{68}{100}$
2.68	$2\frac{22}{100}$	2.22	$2\frac{81}{100}$	2.81	$2\frac{9}{100}$	2.09	$2\frac{38}{100}$
2.38	$3\frac{1}{100}$	3.01	$3\frac{59}{100}$	3.59	$3\frac{7}{100}$	3.07	$3\frac{99}{100}$
3.99	$\frac{1}{100}$	0.01	$\frac{3}{100}$	0.03	$\frac{17}{100}$	0.17	$\frac{68}{100}$
0.68	$2\frac{68}{100}$	2.68	$\frac{6}{100}$	1.09	$1\frac{52}{100}$	2.06	$2\frac{22}{100}$

소수 아이스크림 가게

아이스크림 카드 2장에 적힌 소수의 합 또는 차가 적힌 과자 카드를 찾아
더 많은 아이스크림콘을 만드는 사람이 이기는 놀이

수업 나침반		
학습 목표	소수 한 자리 수의 덧셈과 뺄셈을 이용하여 놀이를 할 수 있습니다.	
핵심 역량	☑ 문제 해결 ☑ 추론 ☐ 창의·융합	☑ 의사소통 ☐ 정보 처리 ☑ 태도 및 실천
인원	2명이 1모둠(개인전)	
준비물	아이스크림 카드 , 과자 카드	

놀이 방법

① 아이스크림 카드 더미를 책상 위에 뒷면이 보이게 놓고, 더미에서 한 장을 뽑아 앞면이 보이게 뒤집어 놓습니다.

② 과자 카드 는 잘 섞어 각자 5장씩 나누어 갖습니다.

    참고 남은 과자 카드는 더 이상 놀이에 사용하지 않습니다.

③ 순서를 정하여 한 사람이 먼저 아이스크림 카드 더미에서 카드 한 장을 뽑아 앞면이 보이게 뒤집습니다. 이때 앞면이 보이게 뒤집은 카드끼리 겹치지 않도록 놓습니다.

④ 앞면이 보이게 뒤집은 아이스크림 카드 에 적힌 두 소수의 합 또는 차를 계산하여 계산 결과가 적힌 과자 카드 를 가지고 있는지 확인합니다.

⑤ 가지고 있으면 "찾았다"를 외치고 아이스크림 카드 2장과 과자 카드 로 아이스크림콘을 만듭니다. 가지고 있지 않으면 뒤집은 카드를 책상 위에 그대로 놓습니다.

예

⑥ 번갈아 가며 아이스크림 카드 를 한 장씩 뒤집습니다. 이때 책상 위에 놓인 아이스크림 카드 가 한 장도 없으면 한 번에 2장을 뒤집습니다.

⑦ 한 사람이라도 가지고 있는 과자 카드 가 없거나, 더 이상 뒤집을 아이스크림 카드 가 없을 때까지 놀이를 계속합니다.

⑧ 더 많은 아이스크림콘을 만든 사람이 이깁니다.

영상으로 놀이 방법을 쉽게 확인할 수 있어요~

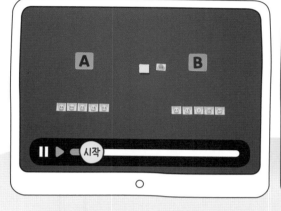

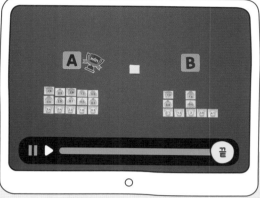

수업 내비게이션

📍 **개념 확인** 학생들이 소수 한 자리 수의 덧셈과 뺄셈을 할 수 있는지 확인해 봅니다.

📍 **지도 Tip** 소수의 합 또는 차가 적힌 [과자 카드]를 찾을 때는 서로 충분한 시간을 주도록 지도합니다.

📍 **놀이 전략** 책상 위에 놓인 [아이스크림 카드]에 적힌 소수와 어떤 소수를 더하거나 뺐을 때 자신이 가지고 있는 [과자 카드]에 적힌 소수가 되는지 미리 생각하면 더 쉽게 아이스크림콘을 완성할 수 있음을 발견하도록 합니다.

이럴 때는 이렇게 지도하세요!

수준별 지도

"너무 어려워요"라고 할 때는 이렇게!
소수의 덧셈 또는 소수의 뺄셈으로만 진행할 수 있습니다.

"너무 쉬워요"라고 할 때는 이렇게!
소수 두 자리 수로 바꾸어 소수 두 자리 수의 덧셈과 뺄셈으로 진행할 수 있습니다.

온라인 수업 지도

학생들은 과자 카드 5장을 고릅니다. 교사가 화면에 아이스크림 카드 2장을 보여 주면 학생들은 아이스크림 카드에 적힌 두 소수의 합 또는 차가 적힌 과자 카드를 가졌는지 확인하고, 가지고 있으면 화면에 보여 주고 내려놓습니다. 가장 먼저 과자 카드 5장을 모두 내려놓는 학생이 이기는 방법으로 진행할 수 있습니다.

아이스크림 카드

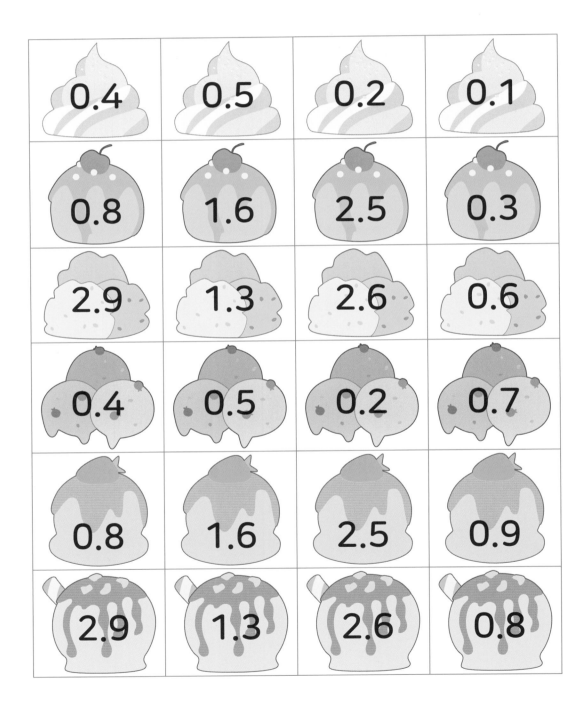

과자 카드

2.9	0.9	0.7	3.4
0.3	2.2	2.8	1.8
3.2	1.6	0.6	1.7
0.5	1.2	2.4	2.9
4.1	4.2	3.9	2.1
1.3	5.1	2	0.4

_____ 학년 _____ 반 _____ 번

이름 _____

활동1 굵은 선 안에 적힌 모든 수의 합은   에 적힌 수와 같습니다. 다음 조건을 만족하도록 빈칸에 알맞은 수를 써넣으세요.

조건

한 줄에 적힌 수는 0.1, 0.2, 0.3, 0.4이고, 가로줄과 세로줄에서 각각 한 번씩만 나옵니다.

	0.6		0.4
0.2	0.4		
		0.5	
0.7			0.5
		0.3	
	0.4		0.6

조건

한 줄에 적힌 수는 0.01, 0.02, 0.03, 0.04, 0.05이고, 가로줄과 세로줄에서 각각 한 번씩만 나옵니다.

	0.07		0.07	
0.02	0.05			
		0.06		0.06
0.04			0.06	
		0.07		
				0.06
		0.06		
0.09				
		0.06		0.05

활동 2 그림 조각을 자르고, 그림판에 적힌 식의 계산 결과를 찾아 그림판에 붙여 보세요.

💡 그림판

0.9-0.5	0.94-0.74	1.2-0.85	3.31-0.24
1.4-0.8	1.88-0.55	4.5-1.9	6.31-5.63
9.4-7.8	2.67-0.35	2.5-1.55	4.8-2.4
5.9-3.2	7.17-4.33	3.6-0.7	1.58-0.34

💡 그림 조각

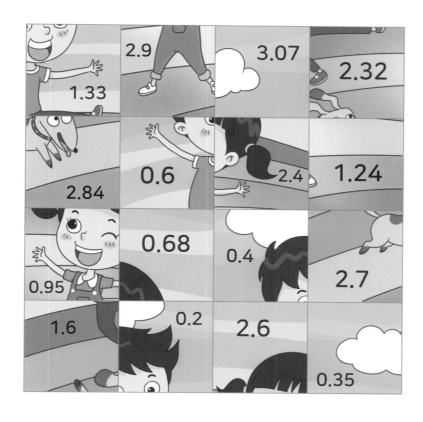

돌리고 돌리고 빙고!

회전판에서 나온 사각형의 이름을 보고 빙고 판에서 알맞은 모양을 찾아 색칠하여
5칸씩 3줄을 먼저 완성하는 사람이 이기는 놀이

수업 나침반

학습 목표	사각형의 이름을 보고 알맞은 모양을 찾는 놀이를 할 수 있습니다.
핵심 역량	☑ 문제 해결　　☑ 추론　　☑ 창의·융합 ☑ 의사소통　　☐ 정보 처리　　☑ 태도 및 실천
인원	2명이 1모둠(개인전)
준비물	회전판 , 빙고 판 , 연필, 클립

놀이 방법

① 한 사람당 빙고 판 을 하나씩 나누어 갖고, 순서를 정합니다.

② 클립의 한쪽 끝을 펴고 연필로 고정하여 손가락으로 회전판 의 클립을 튕겨서 돌립니다.

　참고 클립의 끝이 회전판의 선 위에 멈추면 클립을 다시 한번 튕겨서 돌립니다.

③ 클립의 끝이 가리키는 사각형의 이름을 보고 각자 빙고 판 에서 알맞은 사각형이 있는 한 칸을 찾아 색칠합니다.

④ 번갈아 가며 놀이를 계속합니다.

⑤ →, ↓, ↘, ↗ 방향으로 이어지도록 5칸씩 3줄을 먼저 색칠한 사람이 이깁니다.

영상으로 놀이 방법을 쉽게 확인할 수 있어요~

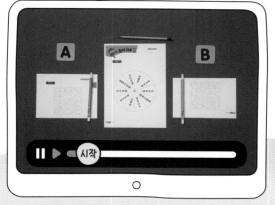

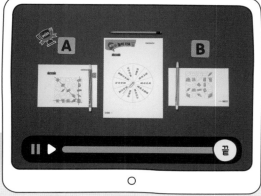

수업 내비게이션

📍 **개념 확인**　학생들이 사다리꼴, 평행사변형, 마름모, 직사각형, 정사각형에 대해 알고 있는지 확인해 봅니다.

📍 **지도 Tip**　먼저 사각형의 이름을 보고 알맞은 모양을 찾는 것에 초점을 두고, 능숙해지면 놀이 전략에 관해 이야기해 보도록 지도합니다.

📍 **놀이 전략**　먼저 빙고 판 의 가운데 칸을 색칠하는 것이 유리함을 발견하도록 합니다.

이럴 때는 이렇게 지도하세요!

수준별 지도

"너무 어려워요"라고 할 때는 이렇게!
먼저 빙고 판에 사각형의 이름을 모두 적은 다음 진행할 수 있습니다.

"너무 쉬워요"라고 할 때는 이렇게!
두 사람이 각각 클립을 10번씩 돌릴 때까지 놀이를 하여 빙고 판에서 5칸씩 색칠한 줄이 더 많은 사람이 이기는 방법으로 진행할 수 있습니다.

온라인 수업 지도

교사가 회전판을 돌리고 회전판에 적힌 사각형의 이름을 말하면 학생들은 각자 빙고 판에서 알맞은 사각형을 찾아 5칸씩 3줄을 먼저 색칠하는 사람이 이기는 방법으로 진행할 수 있습니다.

놀이 방법

1모둠에 1장씩 필요합니다.

회전판

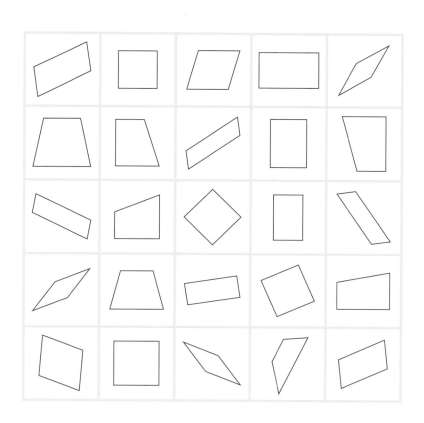

사각형 패밀리

사다리꼴, 평행사변형, 직사각형, 정사각형 카드 4장을 주어진 모양이 되도록 만들어 더 많은 카드를 모으는 사람이 이기는 놀이

학습 목표	여러 가지 사각형을 이해하여 놀이를 할 수 있습니다.
핵심 역량	☑ 문제 해결　　☑ 추론　　☐ 창의·융합 ☑ 의사소통　　☐ 정보 처리　　☑ 태도 및 실천
인원	2명이 1모둠(개인전)
준비물	사각형 카드 , 놀이판

① 사각형 카드 를 잘 섞은 후 놀이판 의 한 칸에 한 장씩 앞면이 보이게 올려놓고, 남은 카드 더미는 뒷면이 보이게 책상 위에 놓습니다.

② 순서를 정하여 한 사람이 먼저 놀이판 에 올려놓은 사각형 카드 중에서 한 장을 골라 이웃한 칸에 있는 카드 한 장과 자리를 바꿉니다.

　참고 이웃한 칸은 위쪽, 아래쪽, 왼쪽, 오른쪽 방향으로 이어진 칸을 뜻합니다.

③ 놀이판 위에 올려놓은 사각형 카드 중에서 사다리꼴, 평행사변형, 직사각형, 정사각형 카드가 각각 한 장씩 모여 다음과 같은 모양이 되면 "사각형 패밀리"를 외치고 카드 4장을 모두 가져갑니다. 이때 카드 4장의 사각형 이름도 모두 말해야 합니다.

　주의 ①에서 놀이판 위에 사각형 카드를 올려놓았을 때 만들어진 모양은 '사각형 패밀리'로 인정하지 않습니다.

④ 이웃한 칸이 빈칸이면 고른 사각형 카드 를 빈칸으로 움직이거나 남은 카드 더미에서 한 장을 뽑아 빈칸에 올려놓습니다.

⑤ 더 이상 뒤집을 카드가 없을 때까지 번갈아 가며 놀이를 계속합니다.

⑥ 더 많은 카드를 모은 사람이 이깁니다.

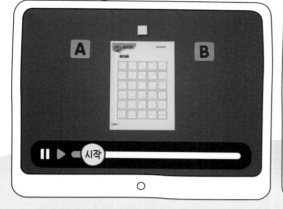

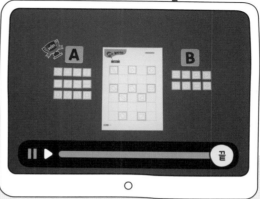

수업 내비게이션

📍 **개념 확인**   사다리꼴, 평행사변형, 직사각형, 정사각형의 성질을 알고 구분할 수 있는지 확인해 봅니다.

📍 **지도 Tip**   사각형 사이의 포함 관계는 강조하지 않도록 하며 사각형을 탐구하는 과정에서 자연스럽게 인식할 수 있도록 지도합니다.

📍 **놀이 전략**   놀이판 위에 올려놓은 사각형 카드 중에서 가장 많은 조건을 만족해야 하는 정사각형을 먼저 찾고 주변에 놓은 사각형의 모양을 살펴보도록 합니다.

이럴 때는 이렇게 지도하세요!

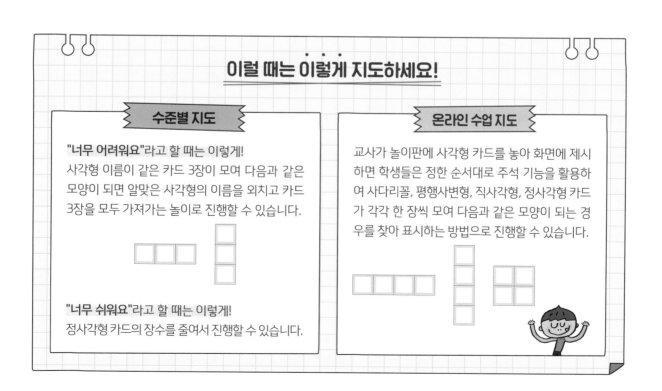

수준별 지도

"너무 어려워요"라고 할 때는 이렇게!
사각형 이름이 같은 카드 3장이 모여 다음과 같은 모양이 되면 알맞은 사각형의 이름을 외치고 카드 3장을 모두 가져가는 놀이로 진행할 수 있습니다.

"너무 쉬워요"라고 할 때는 이렇게!
정사각형 카드의 장수를 줄여서 진행할 수 있습니다.

온라인 수업 지도

교사가 놀이판에 사각형 카드를 놓아 화면에 제시하면 학생들은 정한 순서대로 주석 기능을 활용하여 사다리꼴, 평행사변형, 직사각형, 정사각형 카드가 각각 한 장씩 모여 다음과 같은 모양이 되는 경우를 찾아 표시하는 방법으로 진행할 수 있습니다.

사각형 카드

놀이 방법

놀이판

손으로 하는 수학 활동

활동 1 평행한 두 직선 사이에 선분을 그어 제시된 사각형을 모두 만들어 보세요.

💡 선분 4개를 그어 사다리꼴 2개와 직사각형 1개 만들기

💡 선분 4개를 그어 사다리꼴 1개와 평행사변형 2개 만들기

💡 선분 5개를 그어 사다리꼴 2개, 마름모 1개, 정사각형 1개 만들기

💡 선분 5개를 그어 평행사변형 1개, 직사각형 2개, 정사각형 1개 만들기

오리고 맞추고 퍼즐

자료를 조사하여 나타낸 꺾은선그래프로 만든 퍼즐을 맞추는 놀이

수업 나침반

학습 목표	자료를 꺾은선그래프로 나타내고, 꺾은선그래프의 구성 요소를 이용하여 놀이를 할 수 있습니다.
핵심 역량	☐ 문제 해결　　✔추론　　☐ 창의·융합 ✔의사소통　　✔정보 처리　　✔태도 및 실천
인원	2명이 1모둠(개인전)
준비물	꺾은선그래프 , 퍼즐 판 , 가위, 풀

놀이 방법

① 신문과 인터넷 자료 등에서 표를 찾습니다.

② 찾은 표를 보고 꺾은선그래프 에 꺾은선그래프로 나타냅니다.

　주의 그래프에 빈 곳이 지나치게 많으면 조각을 맞추는 데 어려움이 있으므로 그래프로 나타낼 때는 최대한 빈 곳을 줄이도록 합니다.

　참고 물결선이 필요한 경우에는 물결선을 사용하여 그래프로 나타냅니다.

③ 완성한 꺾은선그래프 를 10조각으로 자릅니다.

④ 자른 조각을 상대방과 서로 바꾸어 퍼즐 판 에 맞추고, 그래프에서 알 수 있는 내용을 3가지 적습니다.

⑤ 상대방이 조각을 알맞게 맞추고, 그래프에서 알 수 있는 내용을 바르게 적었는지 확인합니다.

영상으로 놀이 방법을 쉽게 확인할 수 있어요~

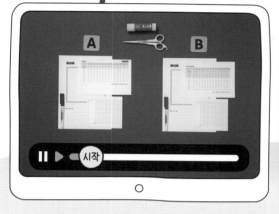

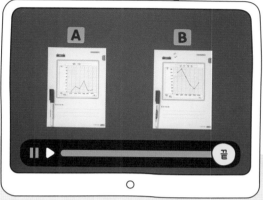

수업
내비게이션

⊙ 개념 확인　학생들이 표를 보고 꺾은선그래프로 나타내는 방법을 알고 있는지
　　　　　　　확인해 봅니다.

⊙ 지도 Tip　찾은 자료가 꺾은선그래프로 나타내기에 알맞은 자료인지 판단해
　　　　　　보도록 지도합니다.

⊙ 놀이 전략　퍼즐을 맞출 때는 꺾은선그래프의 특징을 떠올리며 조각의 위치를
　　　　　　생각하면 좀 더 쉽게 맞출 수 있음을 발견하도록 합니다.

이럴 때는 이렇게 지도하세요!

수준별 지도

"너무 어려워요"라고 할 때는 이렇게!
조각 수를 7조각으로 줄여서 진행할 수 있습니다.

"너무 쉬워요"라고 할 때는 이렇게!
상대방의 꺾은선그래프를 보고 알 수 있는 내용을
2가지 더 찾아보는 활동을 추가로 진행할 수 있습
니다.

온라인 수업 지도

학생들이 각자 완성한 꺾은선그래프를 10조각으로
자르고, 퍼즐 판에 조각을 맞춥니다.
순서를 정하여 퍼즐 판을 화면에 비추며 꺾은선그
래프를 보고 알 수 있는 내용을 이야기해 보는 방
법으로 진행할 수 있습니다.

꺾은선그래프

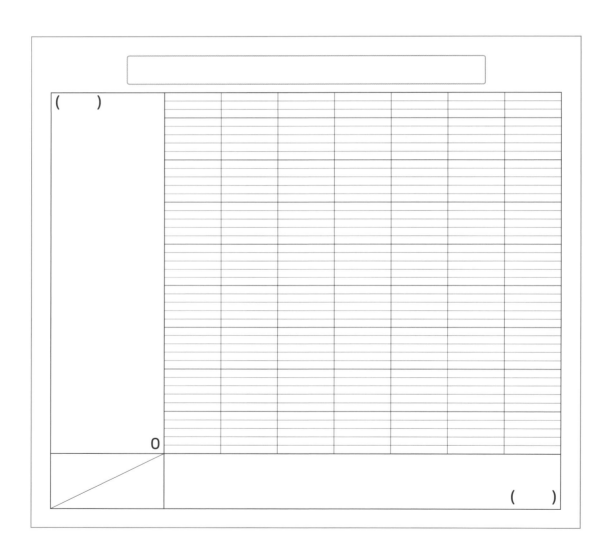

( )

0

( )

조각을 풀로 붙여 보세요.

💡 알 수 있는 내용

_____

_____

_____

먼저 짝을 찾아라

설명 카드를 보고 알맞은 그래프 카드를 가장 빨리 찾는 사람이 카드를 가지고 갈 때 카드를 가장 많이 모으는 사람이 이기는 놀이

수업 나침반

학습 목표	꺾은선그래프의 특징을 이해하여 놀이를 할 수 있습니다.
핵심 역량	☐ 문제 해결　☑ 추론　☐ 창의·융합 ☑ 의사소통　☑ 정보 처리　☑ 태도 및 실천
인원	2~4명이 1모둠(개인전)
준비물	그래프 카드 , 설명 카드

놀이 방법

① 그래프 카드 는 잘 섞은 후 책상 위에 앞면이 보이게 펼쳐 놓고, 설명 카드 더미는 뒷면 이 보이게 놓습니다.

② 순서를 정하여 한 사람이 설명 카드 한 장을 뽑아 앞면이 보이게 뒤집습니다.

③ 뒤집은 설명 카드 에 적힌 내용을 보고 알맞은 그래프 카드 를 가장 빨리 찾은 사람이 그래프 카드 를 가져갑니다.

참고 동시에 그래프 카드를 찾은 경우에는 가위바위보로 카드를 가지고 갈 사람을 정합니다.

④ 순서에 맞게 돌아가며 설명 카드 를 한 장씩 뽑아 뒤집습니다. 더 이상 뒤집을 설명 카드 가 없을 때까지 놀이를 계속합니다.

⑤ 가장 많은 그래프 카드 를 모은 사람이 이깁니다.

영상으로 놀이 방법을 쉽게 확인할 수 있어요~

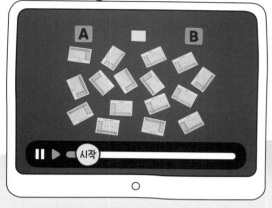

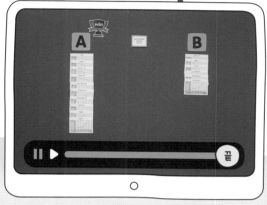

수업 내비게이션

📍 **개념 확인** 학생들이 꺾은선그래프의 특징을 알고 있는지 확인해 봅니다.

📍 **지도 Tip** 꺾은선그래프의 제목이 같아도 가로와 세로, 세로 눈금 한 칸의 크기, 물결선의 사용 여부 등이 다를 수 있으므로 꺾은선그래프를 살펴보는 데 충분한 시간을 갖도록 지도합니다.

📍 **놀이 전략** 먼저 그래프의 제목, 가로와 세로를 살펴보면 좀 더 빠르게 설명 카드에 알맞은 그래프 카드를 찾을 수 있음을 발견하도록 합니다.

이럴 때는 이렇게 지도하세요!

수준별 지도

"너무 어려워요"라고 할 때는 이렇게!
여러 명이 동시에 설명 카드에 알맞은 그래프 카드를 찾는 것이 아니라 설명 카드를 뒤집은 사람이 정해진 시간(5초) 안에 그래프 카드를 찾도록 진행할 수 있습니다.

"너무 쉬워요"라고 할 때는 이렇게!
그래프 카드와 설명 카드를 책상 위에 각각 4장씩 4줄이 되도록 뒷면이 보이게 놓고, 순서를 정하여 그래프 카드와 설명 카드를 한 장씩 뒤집어 보며 짝을 찾도록 진행할 수 있습니다.

온라인 수업 지도

학급 전체를 두 팀으로 나눕니다. 교사가 그래프 카드를 책상 위에 앞면이 보이게 펼쳐 놓은 후 화면에 비추고, 설명 카드 한 장을 뽑아 내용을 말합니다.
각 팀별로 주석 기능을 이용하여 정해진 시간(5초) 안에 알맞은 그래프 카드를 찾아 ○표 합니다.
설명 카드가 없을 때까지 놀이를 계속하고, 그래프 카드를 더 많이 찾는 팀이 이기는 방법으로 진행할 수 있습니다.

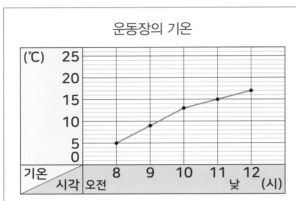

운동장의 기온

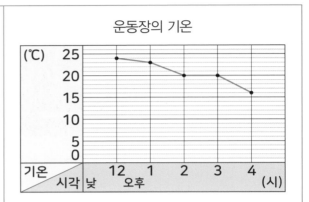

운동장의 기온

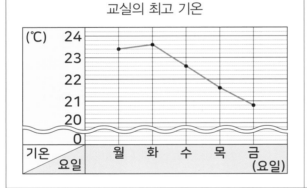

교실의 최고 기온

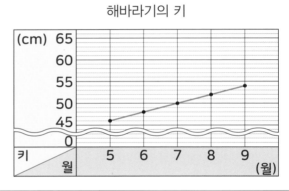

해바라기의 키

강낭콩의 키

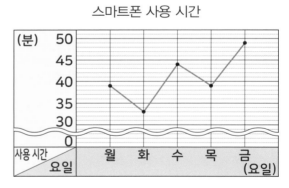

스마트폰 사용 시간

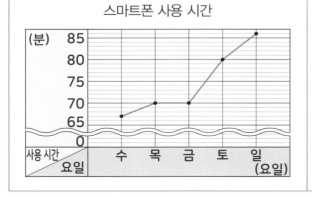

스마트폰 사용 시간

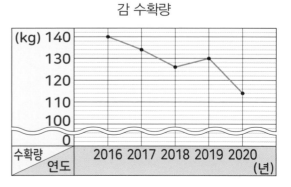

감 수확량

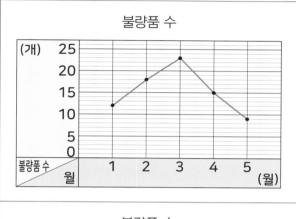

불량품 수

초등학생 수

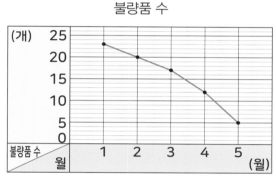

불량품 수

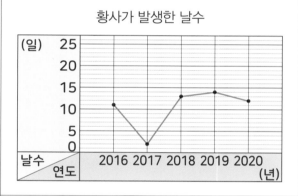

황사가 발생한 날수

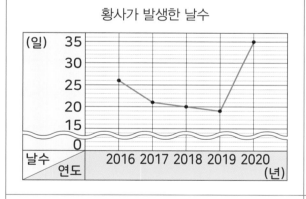

황사가 발생한 날수

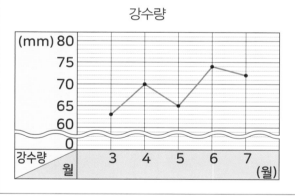

강수량

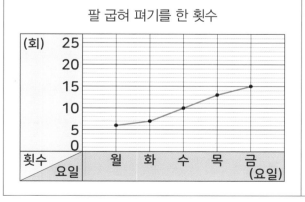

팔 굽혀 펴기를 한 횟수

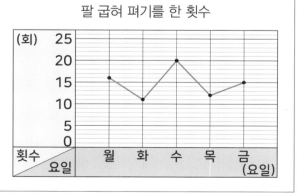

팔 굽혀 펴기를 한 횟수

놀이 자료

설명 카드

키가 매월 2 cm씩 자라고 있음.	세로 눈금 한 칸의 크기는 2 kg을 나타냄.	낮수가 2017년에 가장 적음.	횟수가 가장 많은 요일은 수요일, 가장 적은 요일은 화요일임.
가로는 요일, 세로는 기온을 나타냄.	0부터 65까지 물결선을 사용하여 나타냄.	불량품 수가 점점 감소함.	횟수가 수요일에는 금요일보다 5회 더 적음.
오후 3시 30분의 기온은 약 18 ℃임.	사용 시간이 가장 짧은 요일은 화요일, 가장 긴 요일은 금요일임.	꺾은선은 연도별 초등학생 수의 변화를 나타냄.	월별 강수량을 조사하여 나타냄.
오전 8시부터 낮 12시까지 운동장의 기온을 조사하여 나타냄.	강낭콩의 키를 3일부터 7일 간격으로 재어 나타냄.	불량품 수가 증가하다가 감소함.	낮수가 2020년에는 2016년보다 9일 더 많음.

손으로 하는
수학 활동

활동 1   6살부터 11살까지 나이별로 느꼈던 행복의 정도에 따라 점수를 정하여 행복 그래프로 나타내어 보세요.

💡 표로 나타내기

나의 행복 점수

나이(살)	6	7	8	9	10	11
점수(점)						

💡 꺾은선그래프로 나타내기

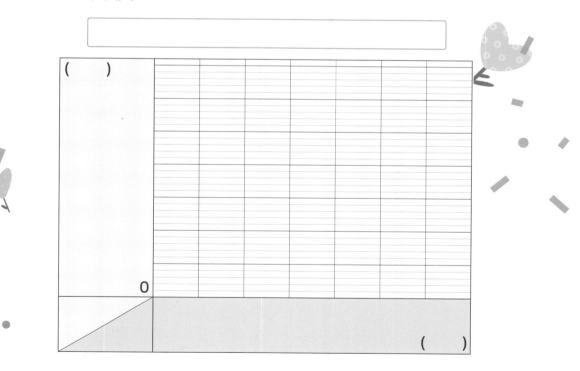

통통 바운스

다각형의 이름을 보고 알맞은 다각형을 찾아 색칠하여
더 많은 다각형을 색칠하는 사람이 이기는 놀이

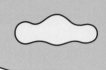

수업
나침반

학습 목표	여러 가지 다각형의 이름을 알고 있는지 확인하는 놀이를 할 수 있습니다.
핵심 역량	☑문제 해결 ☐추론 ☑창의·융합 ☑의사소통 ☐정보 처리 ☑태도 및 실천
인원	2명이 1모둠(개인전)
준비물	바운스 판, 다각형 판, 말, 색이 다른 색연필 2자루, 주사위

놀이
방법

① 각자의 말을 바운스 판 의 '삼각형' 칸에 놓습니다.

　참고 말은 가지고 있는 물건 중에서 정하여 사용합니다.

② 가위바위보를 하여 순서와 색연필을 정합니다.

③ 이긴 사람부터 주사위를 던져 나온 눈의 수만큼 말을 위로 움직입니다.
　이때 말이 벽에 닿으면 방향을 반대로 바꾸어 움직입니다.

④ 말이 도착한 칸에 적힌 다각형을 다각형 판 에서 한 개만 찾아 색칠합니다.
　이때 다각형을 찾지 못하거나 색칠할 다각형이 없으면 상대방에게 순서가 넘어
　갑니다.

⑤ 번갈아 가며 놀이를 하고, 말이 하나라도 '삼각형' 칸에 도착하거나 다각형 판 의
　모든 다각형을 색칠할 때까지 놀이를 계속합니다.

　참고 말이 '삼각형' 칸에 도착하면 다각형 판에서 삼각형을 찾아 색칠합니다.

⑥ 다각형 판 에서 색칠한 다각형의 수가 더 많은 사람이 이깁니다.

영상으로 놀이 방법을 쉽게 확인할 수 있어요~

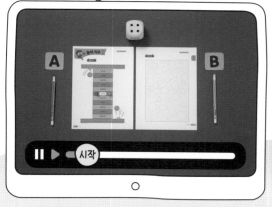 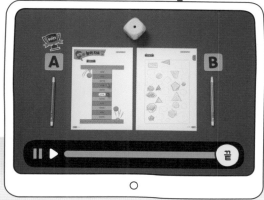

수업 내비게이션

📍 **개념 확인** 학생들이 다각형의 모양을 보고 알맞은 이름을 말할 수 있는지 확인해 봅니다.

📍 **지도 Tip** 다각형을 찾을 때는 다각형의 특징을 충분히 생각하고 찾도록 지도합니다.

📍 **놀이 전략** 정■각형을 찾을 때는 먼저 ■각형을 찾고 그중에서 변의 길이와 각의 크기가 각각 모두 같은 도형을 찾도록 합니다.

이럴 때는 이렇게 지도하세요!

수준별 지도

"너무 어려워요"라고 할 때는 이렇게!
다각형 판에 다각형의 이름을 써놓고 진행할 수 있습니다.

"너무 쉬워요"라고 할 때는 이렇게!
바운스 판과 다각형 판을 새로 만들어 진행할 수 있습니다.

온라인 수업 지도

학급 전체를 두 팀으로 나눕니다. 교사가 화면에 바운스 판과 다각형 판을 제시하고, 각 팀을 대신하여 주사위를 던져 말을 움직입니다.
각 팀별로 주석 기능을 이용하여 말이 도착한 칸에 적힌 다각형의 이름을 보고 다각형 판에서 알맞은 다각형을 찾아 색칠하여 더 많은 다각형을 색칠하는 팀이 이기는 방법으로 진행할 수 있습니다.

바운스 판

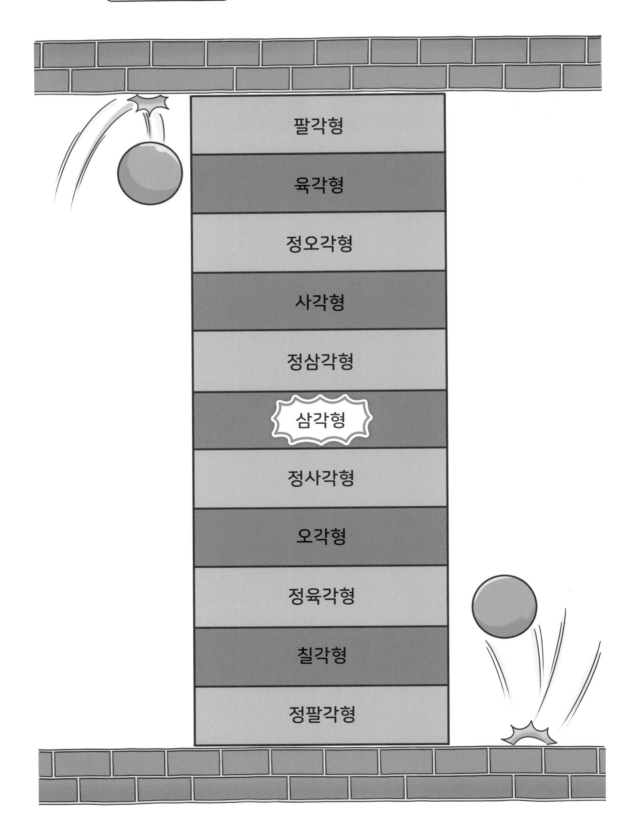

팔각형

육각형

정오각형

사각형

정삼각형

삼각형

정사각형

오각형

정육각형

칠각형

정팔각형

놀이 방법

다각형 판

선을 그었더니 다각형이 짠!

선분 10개를 그어 만든 다각형으로 얻은 점수가 가장 높은 사람이 이기는 놀이

수업 나침반

학습 목표	다각형의 특징을 이용하여 다각형을 만드는 놀이를 할 수 있습니다.
핵심 역량	☑문제 해결 ☑추론 ☑창의·융합 ☑의사소통 ☐정보 처리 ☑태도 및 실천
인원	학급 전체(개인전)
준비물	그리기 판 , 점수 판 , 연필, 자

놀이 방법

① 자를 사용하여 그리기 판 에 선분 10개를 긋습니다.
이때 선분의 양 끝이 그리기 판 을 지나도록 긋습니다.

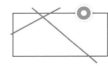 

② 그리기 판 안에 만들어진 다각형은 모두 몇 개인지 세어 점수 판 에 기록합니다.
이때 삼각형과 사각형은 점수가 없으므로 개수를 세지 않아도 됩니다.

주의 다각형의 수를 셀 때는 한 개로 이루어진 도형만 셉니다.

③ 점수 판 의 점수를 계산합니다.

④ 점수가 가장 높은 사람이 이깁니다.

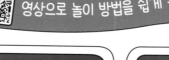

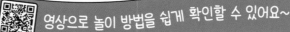
영상으로 놀이 방법을 쉽게 확인할 수 있어요~

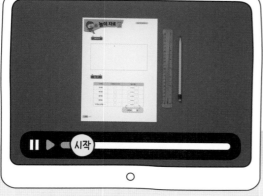

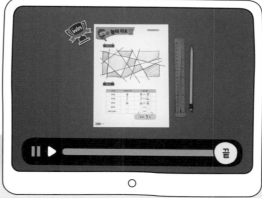

수업
내비게이션

📍 **개념 확인** 학생들이 다각형의 변의 수와 꼭짓점의 수에 따라 이름을 말할 수 있는지 확인해 봅니다.

📍 **지도 Tip** 선분을 그을 때 1부터 10까지의 번호를 적어 선분을 몇 개 그었는지 확인할 수 있도록 지도합니다.

📍 **놀이 전략** 선분을 그을 때 이미 그은 선분을 지나도록 그으면 변의 수가 더 많은 다각형을 만들 수 있음을 발견하도록 합니다.

이럴 때는 이렇게 지도하세요!

❭ 수준별 지도 ❬

"너무 어려워요"라고 할 때는 이렇게!
삼각형과 사각형을 포함하여 만든 다각형의 수가 더 많은 사람이 이기도록 진행할 수 있습니다.

"너무 쉬워요"라고 할 때는 이렇게!
점수를 계산하지 않고 변의 수가 가장 많은 다각형을 만든 사람이 이기도록 진행할 수 있습니다.

❭ 온라인 수업 지도 ❬

학생들은 그리기 판에 선분 10개를 긋고, 만든 다각형의 수를 세어 점수 판을 완성합니다. 각자 그리기 판과 점수 판을 화면에 비추어 점수를 공유하고, 점수가 가장 높은 사람이 이기는 방법으로 진행할 수 있습니다.

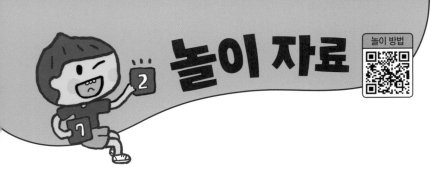

그리기 판

점수 판

다각형	다각형의 수(개)	점수(점)
오각형	◯	◯ × 1 = ☐
육각형	◯	◯ × 2 = ☐
칠각형	◯	◯ × 3 = ☐
팔각형	◯	◯ × 4 = ☐
구각형, 십각형 ……	◯	◯ × 5 = ☐

총점수: ☐ 점

활동 1 다각형 카드를 만들려고 합니다. 카드에 다각형과 대각선을 모두 그리고, 다각형의 이름을 적어서 카드를 완성해 보세요

이름

사각형

이름

이름

육각형

이름

직사각형

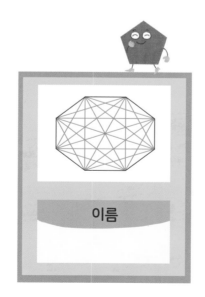

이름

이름

보충 자료
정답

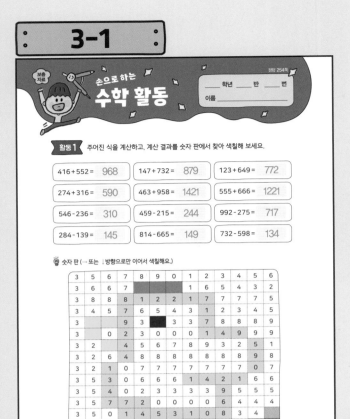

손으로 하는 수학 활동

학년 ___ 반 ___ 번
이름 _____

정답 254쪽

활동 1 주어진 식을 계산하고, 계산 결과를 숫자 판에서 찾아 색칠해 보세요.

416+552=	968	147+732=	879	123+649=	772
274+316=	590	463+958=	1421	555+666=	1221
546-236=	310	459-215=	244	992-275=	717
284-139=	145	814-665=	149	732-598=	134

💡 숫자 판 (→ 또는 ↓ 방향으로만 이어서 색칠해요.)

활동 2 그림 조각을 자르고, 그림판에 적힌 식의 계산 결과를 찾아 그림판에 붙여 보세요.

💡 그림판

💡 그림 조각

손으로 하는 수학 활동

학년 ___ 반 ___ 번
이름 _____

정답 254쪽

활동 1 그림판에서 도형을 찾아 주어진 색으로 따라 그려 보세요.

직각삼각형: 빨간색   직사각형: 주황색   정사각형: 초록색

💡 그림판

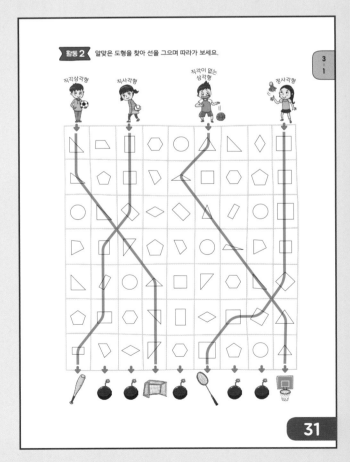

활동 2 알맞은 도형을 찾아 선을 그으며 따라가 보세요.

직각삼각형   직사각형   직각이 없는 삼각형   정사각형

보충 자료

손으로 하는 수학 활동

____학년 ____반 ____번
이름 _____

활동1 허수아비 그림에 적힌 나눗셈의 몫을 구하여 몫에 알맞은 색으로 색칠해 보세요.

2: 빨간색   3: 주황색   4: 노란색   5: 초록색
6: 파란색   7: 분홍색   8: 연두색   9: 보라색

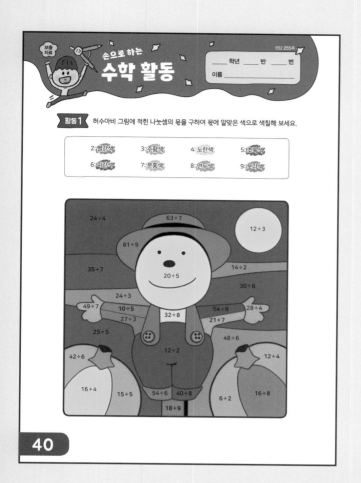

활동2 □ 안에 알맞은 수가 8인 곳을 따라 선을 그어 휴게소로 가는 길을 찾아보세요.

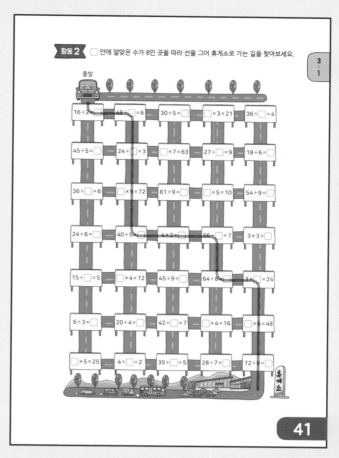

보충 자료

손으로 하는 수학 활동

____학년 ____반 ____번
이름 _____

활동1 곱셈을 계산하여 계산 결과를 따라가면서 미로를 빠져나가 보세요.

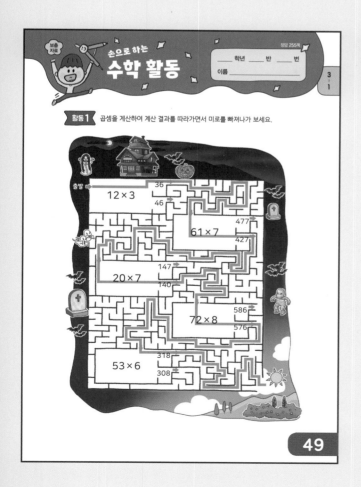

보충 자료

손으로 하는 수학 활동

____학년 ____반 ____번
이름 _____

활동1 같은 길이 또는 같은 시간을 찾아 길을 따라 선으로 이어 보세요.

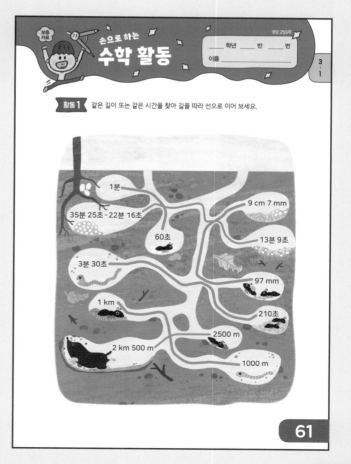

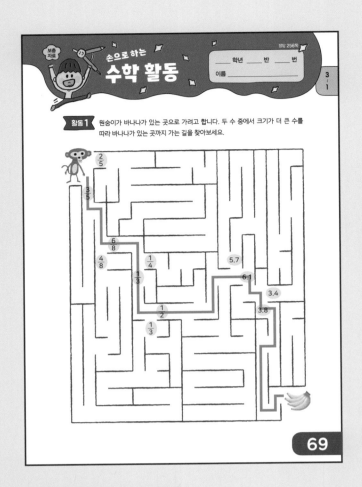

활동1 원숭이가 바나나가 있는 곳으로 가려고 합니다. 두 수 중에서 크기가 더 큰 수를 따라 바나나가 있는 곳까지 가는 길을 찾아보세요.

69

3-2

활동1 계산 결과를 찾아 ○표 하세요.

241×5
1203　1204　**1205**　1206

30×60
18　180　**1800**　18000

25×42
1050　1055　1060　1065

311×9
2499　2599　2699　**2799**

12×12
124　134　**144**　154

41×28
1148　1248　1348　1448

504×3
1510　1511　**1512**　1513

120×5
300　400　500　**600**

98×11
1068　**1078**　1088　1098

80

활동2 생쥐가 계산 결과가 있는 곳을 지나 치즈가 있는 곳으로 가려고 합니다. □ 안에 알맞은 수를 써넣고, 생쥐가 어느 길로 가야 하는지 표시해 보세요.

6×22 = 132	71×14 = 994	9×51 = 459	60×23 = 1380
15×48 = 720	30×40 = 1200	55×11 = 605	59×12 = 708
86×70 = 6020	58×46 = 2668	67×16 = 1072	27×32 = 864
212×2 = 424	332×3 = 996	241×7 = 1687	148×3 = 444

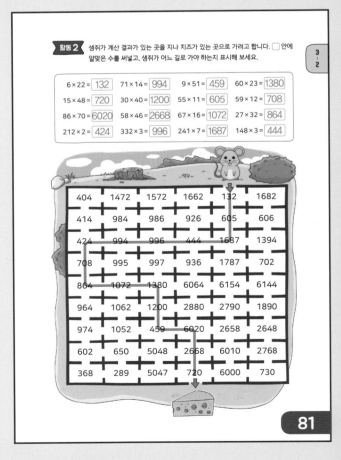

404	1472	1572	1662	132	1682
414	984	986	926	605	606
424	994	996	444	1687	1394
708	995	997	936	1787	702
864	1072	1380	6064	6154	6144
964	1062	1200	2880	2790	1890
974	1052	459	6020	2658	2648
602	650	5048	2668	6010	2768
368	289	5047	720	6000	730

81

손으로 하는
수학 활동

___ 학년 ___ 반 ___ 번
이름 _____

활동1 나눗셈의 몫을 구하여 몫에 알맞은 색으로 식을 칠해 보세요.

6: 빨간색　9: 파란색　12: 노란색　15: 초록색　20: 주황색　23: 보라색

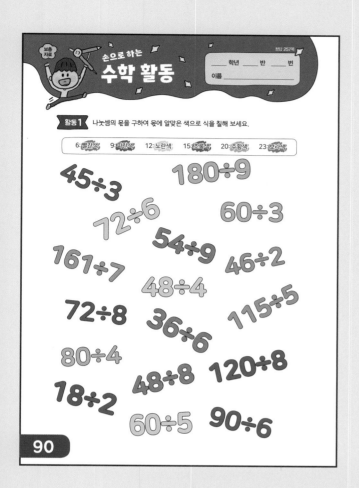

$45÷3$　$180÷9$　$72÷6$　$60÷3$　$54÷9$　$46÷2$　$161÷7$　$48÷4$　$115÷5$　$72÷8$　$36÷6$　$80÷4$　$48÷8$　$120÷8$　$18÷2$　$60÷5$　$90÷6$

활동2 나눗셈의 나머지를 따라 헤엄쳐 친구를 만나려고 합니다. 어느 길로 가야 하는지 선을 그어 보세요.

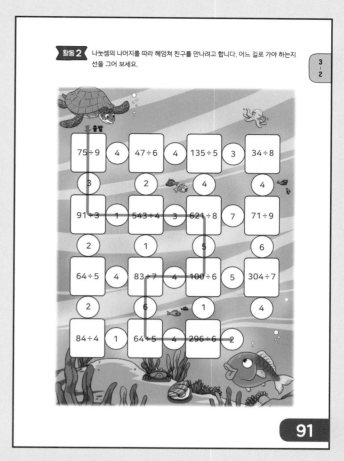

출발
$75÷9$　4　$47÷6$　4　$135÷5$　3　$34÷8$
3　2　4　4
$91÷3$　1　$543÷4$　3　$621÷8$　7　$71÷9$
2　1　5　6
$64÷5$　4　$83÷7$　4　$100÷6$　5　$304÷7$
2　6　1　4
$84÷4$　1　$64÷5$　4　$296÷6$　2

손으로 하는
수학 활동

___ 학년 ___ 반 ___ 번
이름 _____

활동1 컴퍼스를 사용하여 주어진 점을 원의 중심으로 하는 반지름이 2 cm인 원을 그리고, 원끼리 겹쳐진 부분을 색칠해 보세요.

1 cm
1 cm

손으로 하는
수학 활동

___ 학년 ___ 반 ___ 번
이름 _____

활동1 나타내는 수가 다른 하나를 찾아 X표 하세요. (단, 그림이 나타내는 수는 색칠한 부분이 나타내는 수로 생각합니다.)

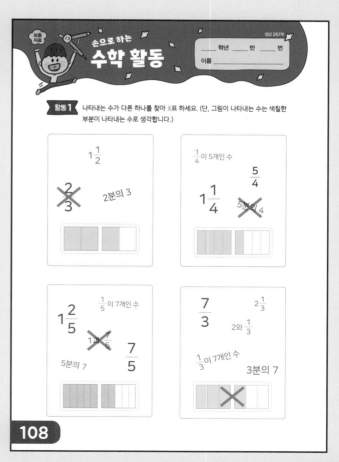

$1\frac{1}{2}$　　$\frac{2}{3}$　2분의 3

$\frac{1}{4}$이 5개인 수　$\frac{5}{4}$　$1\frac{1}{4}$　$5\frac{1}{4}$

$\frac{1}{5}$이 7개인 수　$1\frac{2}{5}$　$\frac{7}{5}$　5분의 7

$\frac{7}{3}$　$2\frac{1}{3}$　2와 $\frac{1}{3}$　$\frac{1}{3}$이 7개인 수　3분의 7

활동2 성의 아래층에서부터 위층으로 올라가면서 사다리에 적힌 글을 읽고 빈칸에 알맞은 수를 써넣으세요.

$3\frac{3}{8}$

더 큰 분수 고르기

$\frac{23}{8}$ $3\frac{3}{8}$

더 작은 분수 고르기

$\frac{23}{8}$ $\frac{25}{8}$

가분수로 나타내기   가분수로 나타내기   대분수로 나타내기

$2\frac{7}{8}$ $3\frac{1}{8}$ $\frac{27}{8}$

대분수 고르기   대분수 고르기   가분수 고르기

$\frac{26}{5}$ $2\frac{7}{8}$ $\frac{13}{16}$ $3\frac{1}{8}$ $\frac{6}{7}$ $\frac{15}{4}$ $\frac{8}{11}$ $\frac{27}{8}$ $3\frac{4}{9}$

109

활동1 ☐ 안에 알맞은 수나 말을 찾아 가로 세로 퍼즐을 채워 보세요.

💡 가로

① 1 L는 1☐☐(이)라고 읽습니다.
② 2 L 50 mL =☐☐☐☐ mL
③ 축구공과 지우개 중에서 무게가 약 5 g인 것은 ☐☐☐입니다.
④ 5 L 300 mL +2 L 300 mL
  =7 L ☐☐☐ mL
⑤ 6 L 850 mL -4 L 500 mL
  =2 L ☐☐☐ mL

💡 세로

❶ 4 t =☐☐☐☐ kg
❷ 5 kg 800 g =☐☐☐☐ g
❸ 바가지와 주사기 중에서 들이가 약 2 L인 것은 ☐☐☐입니다.
❹ 3 kg 100 g +6 kg 580 g
  =9 kg ☐☐☐ g
❺ 9 kg 700 g -3 kg 400 g
  =6 kg ☐☐☐ g

💡 가로 세로 퍼즐

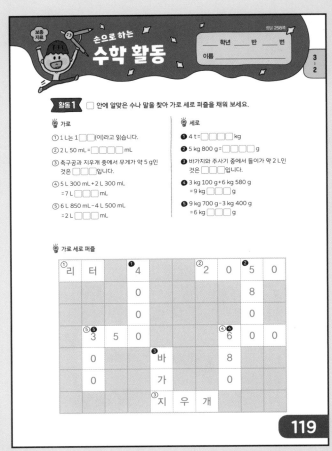

①리	터		❶4		②2	0	❷5	0
			0				8	
			0				0	
	⑤❺3	5	0			④❹6	0	0
	0		❸바			8		
	0		가			0		
	③지	우	개					

119

활동1 크리스마스트리의 종류별 장식의 수를 세어 표와 그림그래프로 각각 나타내어 보세요.

132

💡 표로 나타내기

종류별 장식의 수

장식	종	별	구슬	지팡이	상자	합계
장식의 수(개)	10	12	14	7	5	48

💡 그림그래프로 나타내기

예 종류별 장식의 수

장식	장식의 수
종	◎
별	◎ ○ ○
구슬	◎ ○ ○ ○ ○
지팡이	○ ○ ○ ○ ○ ○ ○
상자	○ ○ ○ ○ ○

◎ 10개
○ 1개

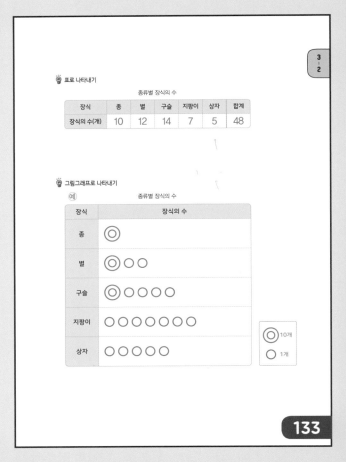

133

손으로 하는 수학 활동

_____학년 _____반 _____번
이름_____

활동1 가로와 세로 문제를 읽고 가로 세로 퍼즐을 채워 보세요.

💡 가로
① 9999보다 1 큰 수
② 만이 78개, 일이 9096개인 수
③ 10000이 8개, 100이 7개, 10이 5개, 1이 3개인 수
④ 10000이 600개, 1000이 6개인 수
⑤ 만이 5520개, 일이 9800개인 수
⑥ 억이 5748개, 만이 6435개, 일이 3000개인 수

💡 세로
❶ 9000보다 1000 큰 수
❷ 10000이 6개, 1000이 5개, 10이 1개, 1이 6개인 수
❸ 10000이 5000개, 10이 8개인 수
❹ 10000이 7213개, 1이 8277개인 수
❺ 억이 9개, 만이 900개, 일이 8756개인 수
❻ 억이 1246개, 만이 7350개, 일이 300개인 수

💡 가로 세로 퍼즐

	❶7								
	2	❷1			❸1				
①1	0	0	0	0		2			❹9
	3	0			2	4		❺5	0
②7	8	9	0	9	❷6	6		0	9
	2		0		5	7		0	0
			③8	0	7	5	3	0	0
	7			1		⑤5	5	2	0	9	8	0	0
		④6	0	0	6	0	0	0		0		7
								0		8		5
⑥5	7	4	8	6	4	3	5	3	0	0	0	6
								0			
								0			

145

손으로 하는 수학 활동

_____학년 _____반 _____번
이름_____

활동1 ☐ 안에 알맞은 수를 써넣어 보세요.

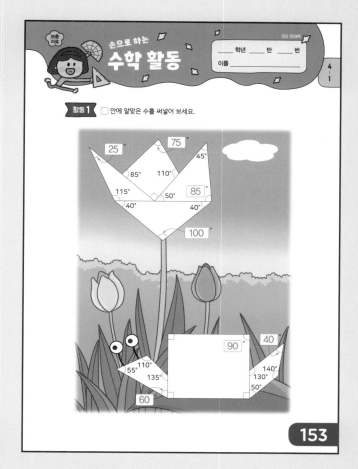

153

손으로 하는 수학 활동

_____학년 _____반 _____번
이름_____

활동1 그림 조각을 자르고, 그림 조각에 적힌 식의 계산 결과를 그림판에서 찾아 그림판에 붙여 보세요.

💡 그림판

439×11
520×73
528÷44
660÷12
328×20
910×60
145×62
896÷14
702÷18
936÷13

💡 그림 조각

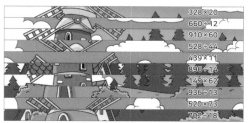

328×20
660÷12
910×60
528÷44
439×11
896÷14
145×62
936÷13
520×73
702÷18

161

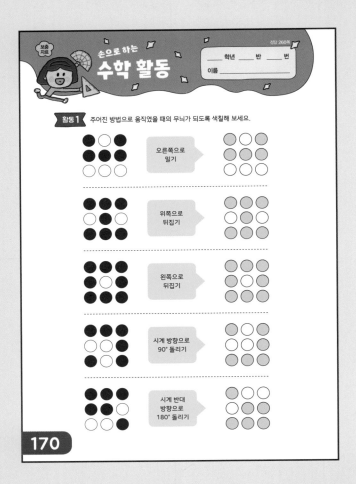

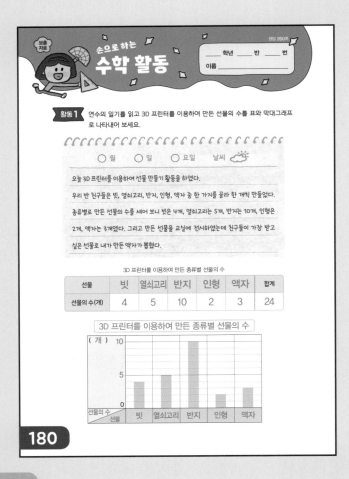

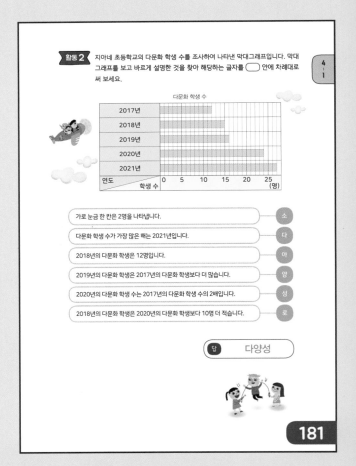

190

손으로 하는 수학 활동

정답 261쪽

_____ 학년 _____ 반 _____ 번

이름 _____

활동1 성냥개비를 규칙에 따라 놓았습니다. 성냥개비의 배열에서 규칙을 찾아 쓰고, 다섯째에 알맞은 모양을 그려 보세요.

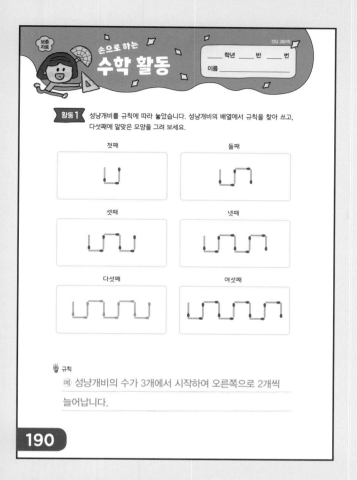

첫째 · 둘째 · 셋째 · 넷째 · 다섯째 · 여섯째

💡 **규칙**

예 성냥개비의 수가 3개에서 시작하여 오른쪽으로 2개씩 늘어납니다.

191

활동2 규칙에 맞는 수의 배열을 찾아 색칠하고, 숨은 글자가 무엇인지 ◯ 안에 써 보세요.

규칙

❶ 135부터 50씩 커지는 4개의 수를 찾아 색칠합니다.
❷ 135부터 60씩 커지는 4개의 수를 찾아 색칠합니다.
❸ 440부터 5씩 커지는 4개의 수를 찾아 색칠합니다.
❹ 490부터 5씩 작아지는 4개의 수를 찾아 색칠합니다.
❺ 685부터 55씩 작아지는 4개의 수를 찾아 색칠합니다.

110	115	120	125	130	135	140	145	150	155	160
165	170	175	180	185	190	195	200	205	210	215
220	225	230	235	240	245	250	255	260	265	270
275	280	285	290	295	300	305	310	315	320	325
330	335	340	345	350	355	360	365	370	375	380
385	390	395	400	405	410	415	420	425	430	435
440	445	450	455	460	465	470	475	480	485	490
495	500	505	510	515	520	525	530	535	540	545
550	555	560	565	570	575	580	585	590	595	600
605	610	615	620	625	630	635	640	645	650	655
660	665	670	675	680	685	690	695	700	705	710

답   수

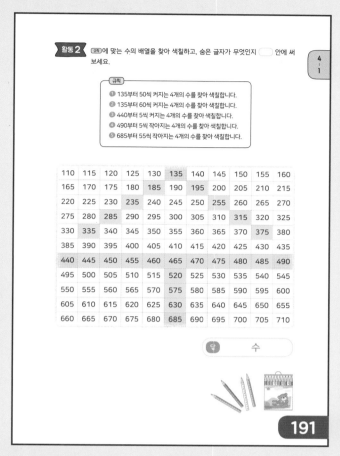

4-2

202

손으로 하는 수학 활동

정답 261쪽

_____ 학년 _____ 반 _____ 번

이름 _____

활동1 분수의 합 또는 차를 구하여 계산 결과에 따라 알맞은 색으로 해당하는 칸을 칠해 보세요.

$\frac{2}{3}$: 주황색 $3\frac{1}{3}$: 노란색 $3\frac{3}{5}$: 빨간색 $1\frac{2}{5}$: 하늘색

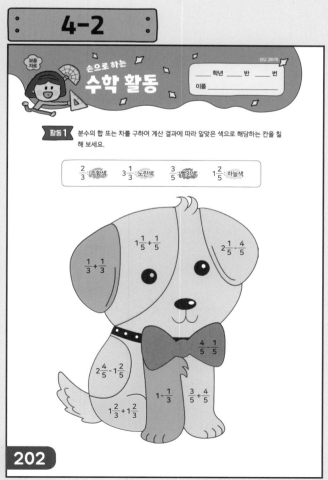

$1\frac{1}{5} + \frac{1}{5}$

$2\frac{1}{5} - \frac{4}{5}$

$\frac{1}{3} + \frac{1}{3}$

$\frac{4}{5} - \frac{1}{5}$

$2\frac{4}{5} - 1\frac{2}{5}$

$1 - \frac{1}{3}$

$\frac{3}{5} + \frac{4}{5}$

$1\frac{2}{3} + 1\frac{2}{3}$

203

활동2 개미가 가져온 먹이에 적힌 분수와 굴 안에 적힌 분수를 보고 개미가 어느 굴로 갈지 길을 따라 선을 그어 보세요.

나는 두 분수의 합이 $5\frac{2}{5}$가 되는 굴로 갈 거야.

나는 두 분수의 차가 $1\frac{3}{5}$이 되는 굴로 갈 거야.

$2\frac{1}{5}$ $3\frac{2}{5}$

$4\frac{4}{5}$ $1\frac{4}{5}$

$3\frac{1}{5}$ $2\frac{1}{5}$

활동1 버스가 ☐ 안에 알맞은 수나 말을 따라 정류장까지 가려고 합니다. 어느 길로 가야 하는지 선을 그어 보세요.

활동1 굵은 선 안에 적힌 모든 수의 합은 ▨에 적힌 수와 같습니다. 다음 조건을 만족하도록 빈칸에 알맞은 수를 써넣으세요.

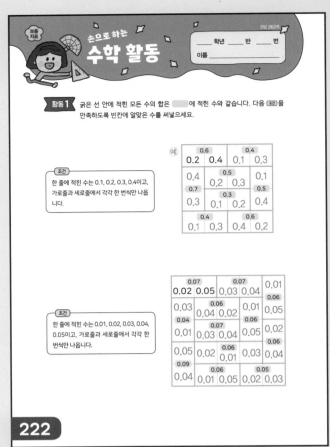

조건
한 줄에 적힌 수는 0.1, 0.2, 0.3, 0.4이고, 가로줄과 세로줄에서 각각 한 번씩만 나옵니다.

조건
한 줄에 적힌 수는 0.01, 0.02, 0.03, 0.04, 0.05이고, 가로줄과 세로줄에서 각각 한 번씩만 나옵니다.

활동2 그림 조각을 자르고, 그림판에 적힌 식의 계산 결과를 찾아 그림판에 붙여 보세요.

💡 그림판

💡 그림 조각

활동1 평행한 두 직선 사이에 선분을 그어 제시된 사각형을 모두 만들어 보세요.

💡 선분 4개를 그어 사다리꼴 2개와 직사각형 1개 만들기

(예)

💡 선분 4개를 그어 사다리꼴 1개와 평행사변형 2개 만들기

(예)

💡 선분 5개를 그어 사다리꼴 2개, 마름모 1개, 정사각형 1개 만들기

(예)

💡 선분 5개를 그어 평행사변형 1개, 직사각형 2개, 정사각형 1개 만들기

(예)

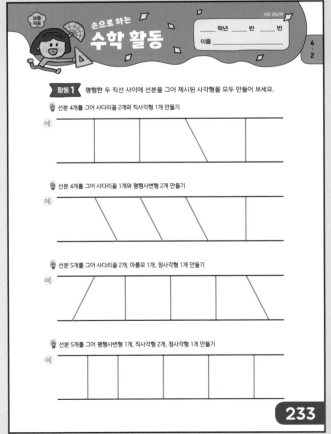

활동1 6살부터 11살까지 나이별로 느꼈던 행복의 정도에 따라 점수를 정하여 행복 그래프로 나타내어 보세요.

💡 표로 나타내기

예) 나의 행복 점수

나이(살)	6	7	8	9	10	11
점수(점)	78	80	85	65	90	93

💡 꺾은선그래프로 나타내기

예)

나의 행복 점수

263

활동1 다각형 카드를 만들려고 합니다. 카드에 다각형과 대각선을 모두 그리고, 다각형의 이름을 적어서 카드를 완성해 보세요

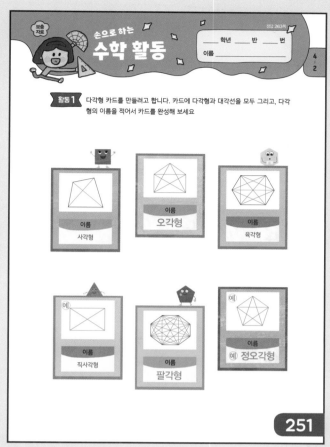

이름
사각형

이름
오각형

이름
육각형

예)
이름
직사각형

이름
팔각형

예)
이름
예) 정오각형

251

MEMO